WEIKE ZHIZUO YU CHUANGXIN JIAOYU

微课制作与创新教育

黄强 ◎ 著

哈尔滨出版社

HARBIN PUBLISHING HOUSE

图书在版编目（CIP）数据

微课制作与创新教育 / 黄强著. -- 哈尔滨：哈尔
滨出版社，2020.9
ISBN 978-7-5484-5450-2

Ⅰ. ①微… Ⅱ. ①黄… Ⅲ. ①多媒体课件－制作
Ⅳ. ① G436

中国版本图书馆 CIP 数据核字（2020）第 163850 号

书　　名：**微课制作与创新教育**
　　　　　WEIKE ZHIZUO YU CHUANGXIN JIAOYU

作　　者：黄　强　著
责任编辑：韩伟锋　朱海涛
责任审校：李　战
封面设计：树上微出版

出版发行：哈尔滨出版社（Harbin Publishing House）
社　　址：哈尔滨市松北区世坤路 738 号 9 号楼　　邮编：150028
经　　销：全国新华书店
印　　刷：武汉市金港彩印有限公司
网　　址：www.hrbcbs.com　　www.mifengniao.com
E-mail：hrbcbs@yeah.net
编辑版权热线：（0451）87900271　87900272
销售热线：（0451）87900202　87900203

开　　本：880mm×1230mm　　1/32　　印张：6.75　　字数：140 千字
版　　次：2020 年 9 月第 1 版
印　　次：2020 年 9 月第 1 次印刷
书　　号：ISBN 978-7-5484-5450-2
定　　价：58.00 元

凡购本社图书发现印装错误，请与本社印制部联系调换。
服务热线：（0451）87900278

* 本文系广东省教育科学"十三五"规划重点课题《"互联网+"时代基于智能终端云浮学生自主学习研究与探索》（项目编号：2018ZQJK058）的阶段性研究成果

目　录

第一章 走进微课

一、微课与微课程

在我国，微课最早是由佛山市教育局的胡铁生提出的，他将微课定义为：按照新课程标准在课堂教学过程中针对某个知识点或教学环节开展教与学活动的各种教学资源的有机组合。另外他还指出微课的核心内容是课堂教学视频（课例片段），同时还包含与该教学主题相关的教学设计、素材课件、教学反思、练习测试及学生反馈、教师点评等教学支持资源，它们以一定的结构关系和呈现方式共同营造了一个半结构化、主题突出的资源单元应用生态环境。从微课的首个定义来看，它首先是一种新型的教学资源，其次它的教学视频是以课例片段为主。从中可以看出，微课的首个定义与其提出背景紧密相连。胡铁生提出微课概念后，焦建利引入国外相对应的概念"微课程"，他指出在国外早已有了"微课程（Microlecture）"这个概念，早在 2008 年戴维·彭罗斯（David Penrose）就曾经提出过"微课程（Microlecture）"这个概念，彭罗斯将微课程称为"知识脉冲"。而李玉平认为微课程是介于文本和电影之间的一种新的阅读方式，是一种在线教学视频文件。长度在 5 分钟左右，由文字、音乐、画面三部分组成，没有解说，大家在优美的轻音乐中，静静地阅读文字，欣赏画面，引发思考。从以上定义可以看出李玉平理解的微课程近似于动态 PPT，而非胡铁生所说的课例片段。

随着微课的发展，产生了两方面的争论。第一，到底应该称其为"微课"还是"微课程"？第二，微课程到底属于什么范畴？

第一方面争论，到底应该称其为"微课"还是"微课程"？微课程最初提出时被称为微课，但是随着微课的发展，有学者提出应称其为微课程更为合适，如郑小军认为："微课程是由一系列紧密关联的微课构成"；黎加厚教授指出："微课需要与学习单元、学生的学习活动等结合起来才是一个完整的微课程"。所以，我们现在将完整的微课称为微课程。

第二方面争论，微课程到底属于什么范畴？随着微课程的发展，其自身意义也逐渐发生了变化。微课程最初提出时被称为微课，胡铁生认为微课是根据新课程标准和课堂教学实际，以教学视频为主要载体，记录教师在课堂教学中针对某个知识点或教学环节而展开的精彩的教与学活动中所需各种教学资源的有机结合体。随着研究的深入有学者提出自己的见解，如焦建利认为微课程是以阐释某一知识点为目标，以短小精悍的在线视频为表现形式，以学习或教学应用为目的的在线教学视频。黎加厚认为微课程是指时间在 10 分钟以内，有明确教学目标，内容短小，集中说明一个问题的小课程。张一春认为微课程是指为使学习者自主学习获得最佳效果，经过精心的信息化教学设计，以流媒体形式展示并围绕某个知识点或教学环节开展的简短、完整的教学活动。郑小军认为微课程是为支持翻转学习、混合学习、移动学习、碎片化学习等多种学习方式，以短小精悍的微型教学视频为主要载体，针对某个学科知识点或教学环节而精心设计开发的一种情景化、趣味性、可视化的数字化学习资源包。从以上学者的定义可看出，不同学者都有不同的见解，有的认为微课程是一种学习资源，有的认为是一种微视频，有的认为是一种学习活动或课程。

这两种争论之所以产生，主要是因为微课程在其发展过程中，随着学者们对微课程研究的不断深入，对微课程的认识也发生了转变。这种转变可以从微课程产生过程中经历的三个阶段进行探讨，这三个阶段分别为：微资源构成阶段，微教学过程阶段和微网络课程阶段。微资源构成阶段微课程被认为是根据新课程标准和课堂教学实际，以教学视频为主要载体，记录教师在课堂教学中针对某个知识点或教学环节而展开的精彩教与学活动中所需各种教学资源的有机结合体。这个概念主要是在区域优质学习资源建设的背景下产生，侧重于把微课程作为新的资源建设方式和教学资源类型。随着翻转课堂、混合学习和移动学习等新型学习方式的兴起，微课程进入微教学过程阶段，此时微课程被认为是以视频为主要载体，记录教师在课堂教育教学过程中围绕某个知识点或教学环节而展开的精彩的教与学活动过程。这一阶段不只关注学习资源而且更多关注学习活动的过程，翻转课堂也作为微课程主要的教学方式而展开。随着各大微课程网站的兴起，微课程进入微网络课程阶段，这一阶段微课程被定义为一种以微视频为核心资源和呈现载体的微型在线视频课程，这一阶段微课程作为一种网络在线课程而存在。随着对微课程定义探讨的不断深入，微课程经历了不同的发展阶段，但以微视频为核心是始终未改变的。

产生各种争论的主要原因还是在微课程相关定义中，"微视频""微课""微课程"三个概念容易引起混淆，尤其是微课程发展之初存在混用的现象。而随着微课程的不断发展学者们逐渐意识到这一问题，才对其概念进行区分。

笔者认为"微视频"是指知识点独立、时间短的小视频，在微课或微课程中，是指围绕某一知识点制作的供学习者学习所用的微型教学视频。"微课"是指围绕一个知识点所制作的包括教学微视频、课件、素材、习题等学习资源的组合。微课程是指围绕一个知识点利用微课学习资源进行学习活动的小课程。可以说微视频是微课的学习资源之一，也是其核心学习资源，而微课本身就是一个学习资源的组合，微课程与微课的区别在于强调了学生的学习活动。

关于微课程的定义笔者比较赞同黎加厚教授的说法："微课程是指时间在 10 分钟以内，有明确教学目标，内容短小，集中说明一个问题的小课程。微课需要与学习单元、学生的学习活动等结合起来才是一个完整的微课程。"黎加厚对微课程的定义明确了其所属范畴，区分了"微课"和"微课程"的概念，指出有学习单元、学习活动相结合的微课才能称为完整的微课程，并明确指出了微课程属于课程范畴，而非微视频或者学习资源。所以从概念从属关系来说，微视频包含于微课，微课包含于微课程。

二、微课的组成

"微课"的核心组成内容是课堂教学视频（课例片段），同时还包含与该教学主题相关的配套课件、学习基础（延伸）资料或建议（外链）、学（教）案等要素，它们以一定的组织关系和呈现方式共同"营造"了一个半结构化、主题式的资源单元应用"小环境"。因此，"微课"既有别于传统单一资源类型的教学课例、教学课件、教学设计、教学反思等教学资源，又是在其基础上继承和发展起来的一种新型教学资源。

◆配套课件是配合微课主体的说明与补充，以备学习者的学习与教师的教学之需。学习基础资源是支撑微课主体的基础资源，方便学习者寻找学习的基础与支撑点。

◆ 学习延伸资源是微课学习的后续发展指向或进阶学习资源或路径，方便学习者持续学习。

◆学（教）案则是为学习者提供知识或技能的思维可视化学习路径，或者是提供给教师的教学思维、智慧的可视化路径。

三、微课的特点

（一）教学时间较短

教学视频是微课的核心组成内容。根据中小学生的认知特点和学习规律，"微课"的时长一般为 5～8 分钟，最长不宜超过 10 分钟。因此，相对于传统的 40 或 45 分钟的一节课的教学课例来说，"微课"可以称为"课例片段"或"微课例"。

（二）教学内容较少

相对于较宽泛的传统课堂，"微课"的问题聚集，主题突出，更适合教师的需要："微课"主要是为了突出课堂教学中某个学科知识点（如教学中重点、难点、疑点内容）的教学，或是反映课堂中某个教学环节、教学主题的教与学活动，相对于传统一节课要完成的复杂的教学内容，"微课"的内容更加精简，因此又可以称为"微课堂"。

（三）资源容量较小

从大小上来说，"微课"视频及配套辅助资源的总容量一般几十兆，视频格式须是支持网络在线播放的流媒体格式（如 rm, wmv, flv 等），师生可流畅地在线观摩课例，查看教案、课件等辅助资源，也可灵活方便地将其下载保存到终端设备（如笔记本电脑、手机等）上实现移动学习、"泛在学习"，非常适合教师的观摩学习、评课、反思和研究。

（四）资源组成/结构/构成"情景化"，资源使用方便

"微课"选取的教学内容一般要求主题突出、指向明确、相对完整。它以教学视频片段为主线"统整"教学设计（包括教案或学案）、课堂教学时使用到的多媒体素材和课件、教师课后的教学反思、学生的反馈意见及学科专家的文字点评等相关教学资源，构成了一个主题鲜明、类型多样、结构紧凑的"主题单元资源包"，营造了一个真实的"微教学资源环境"。这使得"微课"资源具有视频教学案例的特征。广

大教师和学生在这种真实的、具体的、典型案例化的教与学情景中可易于实现"隐性知识""默会知识"等高阶思维能力的提高并实现教学观念、技能、风格的迁移,从而迅速提升教师的课堂教学水平、促进教师的成长,提高学生学业水平。就学校教育而言,微课不仅成为教师和学生的重要教育资源,而且也构成了学校教育教学模式改革的基础。

(五)主题突出、内容具体

一节微课就一个主题,或者说一节微课一个事,研究的问题来源于教育教学具体实践中的具体问题,或是生活思考,或是教学反思,或是难点突破,或是重点强调,或是学习策略、教学方法、教育教学观点等。

(六)草根研究、趣味创作

正因为课程内容的微小,所以,人人都可以成为课程的研发者;正因为课程的使用对象是教师和学生,课程研发的目的是将教学内容、教学目标、教学手段紧密地联系起来,是"为了教学、在教学中、通过教学",而不是去验证理论、推演理论,所以,决定了研发内容一定是教师自己熟悉的、感兴趣的、有能力解决的问题。

(七)成果简化、多样传播

因为内容具体、主题突出,所以,研究内容容易表达、研究成果容易转化;因为课程容量微小、用时简短,所以,传播形式多样(网上视频、手机传播、微博讨论)。

（八）反馈及时、针对性强

由于能在较短的时间内集中开展"无生上课"活动，所以参加者能及时听到他人对自己教学行为的评价，获得反馈信息。较之常态的听课、评课活动，"现炒现卖"，具有即时性。由于是课前的组内"预演"，人人参与，互相学习，互相帮助，共同提高，在一定程度上减轻了教师的心理压力，不会担心教学的"失败"，不会顾虑评价的"得罪人"，较之常态化的评课就会更加客观。

微课的第一服务对象是学习者，第二服务对象是教师，第三服务对象是家长或是广大市民。对于老师而言，最关键的是要从学生的角度去制作微课，而不是从教师的角度去制作，要体现以学生为主的教学思想。

四、微课的分类

（一）按课堂教学方法分类

根据李秉德教授对我国中小学教学活动中常用的教学方法的分类，同时也为便于一线教师对微课分类的理解和利于实践开发的可操作性，笔者初步将微课划分为 11 类，分别为讲授类、问答类、启发类、讨论类、演示类、练习类、实验类、表演类、自主学习类、合作学习类、探究学习类（如表 1 所示）：

表 1 微课的分类及适用范围

分类依据	常用教学方法	微课类型	适用范围
传递信息为主的方法	讲授法	讲授类	适用于教师运用口头语言向学生传授知识（如描绘情境、叙述事实、解释概念、论证原理和阐明规律）。这是中小学最常见、最主要的一种微课类型。
	谈话法（问答法）	问答类	适用于教师按一定的教学要求向学生提出问题，要求学生回答，并通过问答的形式来引导学生获取或巩固知识。
	启发法	启发类	适用于教师在教学过程中根据教学任务和学习的客观规律，从学生的实际出发，采用多种方式，以启发学生的思维为核心，调动学生的学习主动性和积极性，促使他们生动活泼地学习。
	讨论法	讨论类	适用于在教师指导下，由全班或小组围绕某一种中心问题通过发表各自意见和看法，共同研讨，相互启发，集思广益地进行学习。
以直接感知为主的方法	演示法	演示类	适用于教师在课堂教学时，把实物或直观教具展示给学生看，或者做示范性的实验，或通过现代教学手段，通过实际观察获得感性知识以说明和印证所传授知识。
以实际训练为主的方法	练习法	练习类	适用于学生在教师的指导下，依靠自觉的控制和校正，反复地完成一定动作或活动，借以形成技能、技巧或行为习惯。尤其适合工具性学科（如语文、外语、数学等）和技能性学科（如体育、音乐、美术等）。

	实验法	实验类	适用于学生在教师的指导下，使用一定的设备和材料，通过控制条件的操作过程，引起实验对象的某些变化，从观察这些现象的变化中获取新知识或验证知识。在物理、化学、生物、地理和自然常识等学科的教学中，实验类微课较为常见。
以欣赏活动为主的教学方法	表演法	表演类	适用于在教师的引导下，组织学生对教学内容进行戏剧化的模仿表演和再现，以达到学习交流和娱乐的目的，促进审美感受和提高学习兴趣。一般分为教师的示范表演和学生的自我表演两种。
以引导探究为主的方法	自主学习法	自主学习类	适用于以学生作为学习的主体，通过学生独立的分析、探索、实践、质疑、创造等方法来实现学习目标。
	合作学习法	合作学习类	合作学习(Collaborative Learning)是一种通过小组或团队的形式组织学生进行学习的一种方法。
	探究学习法	探究学习类	适用于学生在主动参与的前提下，根据自己的猜想或假设，运用科学的方法对问题进行研究，在研究过程中获得创新实践能力、获得思维发展，自主构建知识体系的一种学习方式。

值得注意的是，一节微课作品一般只对应于某一种微课类型，但也可以同时属于两种或两种以上的微课类型的组合（如提问讲授类、合作探究类等），其分类不是唯一的，应

该保留一定的开放性。同时，由于现代教育教学理论的不断发展，教学方法和手段的不断创新，微课类型也不是一成不变的，需要教师在教学实践中不断发展和完善。

（二）按课堂教学主要环节（进程）来分类

微课类型可分为课前复习类、新课导入类、知识理解类、练习巩固类、小结拓展类。其他与教育教学相关的微课类型有：说课类、班会课类、实践课类、活动类等。

（三）按微课制作技术分类

1. 高清摄像机实景拍摄型

这类微课的制作最为复杂，一般要求由专业化公司进行制作。制作工具要采用高清摄像机，教师在演播室以讲授某个知识点内容为主，结合屏幕演示、板书、教学用具等完成课堂教学，教学过程要求使用高清标准的摄像机，拍摄完毕后对视频进行专业化的后期制作，添加视频特效及字幕，结合与课程相关的背景资料可以进行必要的编辑和美化。高清摄像机实景拍摄型微课可借鉴微电影的拍摄模式，由学校组成微课研发团队，对课程内容进行情景剧设计策划，撰写脚本，选择导演、演员、场地进行拍摄，经过制片人后期视频剪辑制作，最终形成微课。此类微课中教师会全景出现并贯穿始终，教师是整个视频的主角。

2. 虚拟仿真二维、三维动画型

虚拟仿真二维、三维动画型微课是利用计算机进行动画的设计、创作与制作，产生真实的立体场景与动画，可以使人的视觉产生新的冲击，动画以其形象直观、表现力丰富的特点不仅可以激发学生的学习兴趣，而且可以帮助学生更好地理解书本上的知识，深受师生的喜爱，给人一种身临其境、耳目一新的感觉。这类微课的制作采用专门动画软件进行开发，教师本人一般不出现在画面中。这种类型微课由设计者按照课程教学内容在计算机中首先建立一个虚拟的世界，并按照要表现的对象的形状尺寸建立模型及场景，再根据要求设定模型的运动轨迹、虚拟摄影机的运动和其他动画参数，然后按要求为模型赋上特定的材质，并打上灯光，生成最后的微课视频。

三维动画技术模拟真实物体的方式使其成为一个有用的工具。由于其精确性、真实性和无限可操作性，目前被广泛应用于教育领域。在微课制作方面，这种类型的微课能够给人耳目一新的感觉，因此受到了众多学生的欢迎。关于虚拟仿真二维、三维动画型微课在教学中的优势，主要体现在以下的三个方面。

第一，虚拟仿真二维、三维动画型微课可以提供事物的具体形象从而促进思维的发展。教学的最终目的是培养学生的科学思维。学生的思维发展要经历从具体形象思维到抽象逻辑思维的发展过程，而他们要学习的知识大多是已有的经验知识，不能亲身体会知识发现的过程，更不能获得一些事物的具体形象，而三维动画正好可以弥补这一不足，使学生从具体形象思维上升到抽象逻辑思维。

第二，虚拟仿真二维、三维动画型微课可以再现实验情景。在自然科学的教学中，教学常常始于实验现象、过程以分析事物的运动变化规律，由于实验本身或现实条件的限制，真实实验情境的再现受到很多限制：有的实验时间跨度很长或稍纵即逝，实验现象不易被观察；有的实验条件过于苛刻或实验设备过于昂贵使实验难以完成；有的实验过程的发生和进行不便控制，变化细节和内在的变化规律不一定能直观地被看到；产生于科学思维的理想实验、理想模型、科学想象等在现实中不可能做到，仅通过言语表述难以沟通表达等，这些都会给教学带来一定的困难。利用三维教学动画的"虚拟真实性"可以弥补这些方面的不足，实现替代性体验。

第三，虚拟仿真二维、三维动画型微课可以将抽象概念、规则具体化。基本概念、规则的学习会对后续学习的顺利进行产生较大影响。但是，概念、规则又常常是以定义的方式呈现，抽象程度较高，学习者在学习中往往感到困难。三维动画微课可针对学生理解上可能产生的误区进行设计，将定义描述以可视化的方式表现出来，直观地表现现象与抽象规律间的联系，采用各种动画表现手法逐步引导学习者从现象中抽象出内在规律，帮助学习者突破思维上的难点，引导学习者的思维往更深层次发展。

3. 电脑屏幕录制型

这类微课的制作相对简单，教师稍加培训就可以掌握，录制时一般由教师本人独立完成。电脑屏幕录制型微课制作首先要选定教学主题，搜集教学材料和多媒体素材，制作PPT课件，然后在电脑屏幕上打开录屏软件，带好耳麦，调整好话筒的位置和音量，教师对照PPT课件进行讲解，调整好PPT界面和录屏界面的位置后，进行录制。教师在录制时按照教案，一边演示幻灯片，一边讲解。电脑屏幕录制型微课在录制时可以选择是否录制教师本人的头像。录制完毕后，对录制的微课视频用后期视频编辑软件进行适当的编辑和美化。由于这类微课视频主要呈现教师的 PPT 课件，PPT 课件的制作水平决定了微课的质量，教师一定要在制作精美的 PPT 课件上多下功夫。

4. 可汗学院（手写板）型

这类微课的制作相对简单，由教师通过手写板和画图工具对教学过程进行讲解演示，并使用屏幕录像软件录制。教师稍加培训就可以掌握，录制时一般由教师本人独立完成。制作时首先针对微课主题进行详细的教学设计，形成教案；其次安装手写板、麦克风等工具，使用手写板和绘图工具，对教学过程进行演示；第三步，通过屏幕录像软件录制教学过程并配音；第四步，可以进行必要的编辑和美化。这类微课中教师一般不出现在视频中。

5. 数字故事型

数 字 故 事 型 微 课 是 由 数 字 故 事（digital storytelling）发布为视频而产生的课程。数字故事是用数字化的方式表达故事，是用文字、图像、声音、动画等多媒体元素，创造可视化故事的过程。数字故事作品作为一种喜闻乐见的教学方式被众多一线教师采用，在学习、制作过程中，教师不仅能学会常用的教学软件的使用方法借以提升自身信息技术素养，同时可以用可视化的教学故事表达教学内容与知识点。数字故事型微课主要用于学校的德育工作、课堂教学情境创设、校园文化建设和学生高级思维能力的培养。数字故事作为一种教学策略在教学中也得到了广泛应用。数字故事型微课由教师自己制作，通常使用 PPT 软件进行制作，根据自己当前的教学目标，设计故事主线，并收集和加工相关的图片、视频、音乐、动画等素材，按照讲述故事的形式制成 3 ～ 5 分钟的 PPT 课件，然后把 PPT 课件发布为视频而形成的一种微课形式。

五、微课与传统讲课方式的区别

在数字化学习时代，微课短小精悍的特点，正好符合数字化时代学习者的注意力模式，同时也能够满足教师和教育信息资源建设者的迫切需要。各地教育部门也大力推广微课的制作和应用。微课作为一种由教师根据不同的知识点和学生学情录制的短时间教学视频有什么特点，微课能不能满足所有学生需求，微课和传统课堂教学有什么区别呢？

我们可以通过将微课与传统的教学录像或课堂实录式的视频资源进行对比，更好地理解和把握微课的课程目标和课程容量问题。可以看出，它们与传统的教学录像有很大的区别。

传统的教学录像是借助一定的技术设备将实际课堂教学转化为可复制、可加工的视频资源。它并未对某堂课的课程目标和课程容量做出明显改变，而微课则不然。有学者从视频时间长度、内容单位、教学目标、灵活性、交互性、扩充性、情景性、资源丰富程度、知识点之间的联系程度等维度来分析微课与传统教学录像之间的区别。从时间长度上看，微课一般为 5 ～ 10 分钟，而传统教学录像一般为 40 ～ 45 分钟。

从内容单位上看，微课一般以知识点为单位，而传统教学录像一般以课时、单元或章节为单位。从教学目标上看，微课教学目标单一而清晰，传统教学录像教学目标多元化。从灵活性上讲，微课比较灵活，使用移动终端设备就可以下载浏览，而传统教学录像由于容量较大，不便在移动设备上观看。

另外，在互联网时代，尤其是伴随手机、Ipad 等移动终端设备的日益普及，互联网用户的注意力被不停地分散。电脑、手机、平板等各种设备不停地推送新的消息，每时每刻都有吸引眼球的内容。因而，网络学习时注意力无法长时间集中。有研究显示，新时代互联网用户的"注意力模式"仅 10 分钟。在 10 分钟以内，学习者才能完全集中注意力。因此，传统教学录像很难适应新时代互联网用户的"注意力模式"，难以满足一线教师和学生的实际需要。但微课不同，它的主要特征之一即短小精悍，往往只用几分钟时间对某一个知识点进行讲解和阐释，所有相关信息和材料的展示都围绕这个知识点来进行。微课一般是为了解决课堂教学中的重点、难点和疑点，或是反映课堂某个教学环节、教学主题。相对于传统课堂要完成众多的教学内容、达成多个教学目标而言，微课的教学目标相对单一，教学内容更加精简，教学主题更加突出，教学指向更加明确。

在传统教学模式下，老师长篇大论、泛泛而谈，不仅互动性少，而且教学目标也较为片面，而微课录制以精简、灵活、互动性强等优势，在打破传统录课模式的同时，既能保证老师的教学期望，又不会给老师造成工作负担。

微课，即把知识点以 10 分钟左右的简短视频呈现给学生。一般地，一节微课只讲解一个知识点，并要求主题突出、内容简短、解析深入。目前，微课已经广泛地应用于各类学校的教学中 。作为一种新的教学形式和方法，其教学效果无疑成为需要考虑的首要问题。

六、我们为什么用微课

（一）微课的需求来自教师教学

课时不够，习题课大幅缩水，微课讲习题，让学生自取所需课程知识点，教师希望将精彩的课堂讲授变成可视化的知识库；理化生实验准备烦琐，现场演示效果不理想，精彩的教学片段，教师个人希望珍藏。

在教师专业发展中，需要提升网络时代教师信息化教学与教研能力、促进教师专业发展。一方面，教师在说课时使用微课可以帮助教师提升信息化教学设计这一核心能力；另一方面，可以通过微课进行评课，提升教学评价能力和教学反思能力。

（二）微课的需求来自学生

微课制作的根本目的是为我们的学生更好掌握知识点、拓宽思维、修正知识盲区，学生的需求是我们设计制作微课的根本出发点。但微课不能替代正常授课中的师生互动，其作用只是辅助课堂教学更有效推进。

微课用在课前，可以结合学习任务单实现导学功能，即帮助学生预习重点、难点和需要事先学习的内容（例如回顾先前知识，唤醒已有经验，介绍背景知识，激发学习兴趣等）。

用在课中，要与传统教学方法相互配合，发挥各自的优势，微课要重点解决使用传统教学方法费时费力或无法展示的教学内容。

　　用在课后，可帮助学生梳理知识，复习、巩固重点、难点、疑点、易错点，扩展学习、迁移应用，引出后续学习内容。

　　任何的教育手段都应是辅助课堂教学而设计的，微课、视频直播、题库软件，都应从学生的实际需求出发，这样才是念对"互联网+"教育的"真经"。

第二章 微课该如何设计

一、微课设计与开发的理论和应用基础

(一)理论基础

1. 多媒体学习认知理论

迈耶的多媒体学习认知理论包含了三个假设、五个认知过程、十多条多媒体信息设计原则。它们既适用于多媒体课件的设计,也适用于微课的设计。例如,双通道假设与微课设计的视听一致(音画同步)要求一致。分割原则认为,"多媒体信息按照学习者的学习进度分段呈现比以连续的单元形式呈现给学习者的学习效果更好"。这个正符合微课中要求每个微课只针对一个知识点且控制在 10 分钟左右的设计思想。而形象原则认为,"在多媒体呈现信息时,讲解者的图像出现在屏幕上不一定有利于提高学习者的学习效果"。依据这一原则,在设计微课时,最好不出现教师的头像,而应该以呈现的知识为主。

2. 可视化理论

可视化理论包括数据可视化、知识可视化、思维可视化、隐性知识可视化等理论。在可视化理论的指导下,微课设计和资源设计应该具备一定的可视度,即尽量借助图片、动画、图表、框图等可视化手段来呈现、表达与文字一致或相近的

内容，使学习者能通过具象来理解抽象难懂的知识。

3. 梅瑞尔首要教学原理

梅瑞尔首要教学原理重在激活学生已有知识，主张学生介入解决实际问题当中，认为只有当新知识与学习者的生活世界融于一体时，才能够促进学习。

微课的设计也应遵循梅瑞尔首要教学原理：首先唤醒学习者的先验知识，接着创设情境，引入一个实际问题，让学生在实际问题中思考、学习；然后呈现重难点知识；最后通过一些应用案例引导学生在生活中学以致用。

4. 信息化教学设计理论

信息化教学设计理论涵盖了多种不同的学习理论，如建构主义学习理论、情境认知学习理论、多元智能理论、活动理论、混沌理论等。在微课的教学设计过程中也要遵循相应的信息化教学设计理论。例如，本研究的微课通过创设情境、设置问题，引导学生在具体的情境当中对问题进行思考和解决，并联系生活中的案例，给学生以真实感和切身性，使他们易于从具体的问题、情境和生活实例出发，自主建构知识，并学会在相似的情境当中进行知识迁移。

（二）应用理论基础

1. 混合式学习

混合式学习是指将面对面学习与在线学习相结合的学习方式。在线学习主要体现在课前和课后两个阶段，课前在线完成相关教学准备活动，课后在线进行拓展学习；面对面学习则体现在课中，通过师生研讨、教师示范、学生操练等活动进行面对面学习。

2.翻转学习

翻转学习是指"学习者从原来在课堂（包括虚拟课堂）里主要学习显性知识转变为在课堂外通过观看网上教学视频学习显性知识，而在课堂内主要掌握学习方法、进行知识内化，以及与老师和其他同学共同完成知识汇聚、知识建构、知识融合、隐性知识挖掘等高级学习任务。"翻转课堂教学法，让学生在课前观看指定微课（微视频）或阅读相关材料，获取显性知识；让教师在课内引导学生对微课进行思考、剖析，学会自我反思，并对学生的微课作品提出改进和提升的建议，从而完成知识汇聚、建构、融合和隐性知识的挖掘任务。

二、微课设计中存在的问题及设计建议

（一）存在的问题

1．选题不当

选题太大，没有聚焦教学重点、难点、疑点、易错点；选取显性知识或教学活动的组织。表面上看起来很热闹，实际上学生学不到什么实质性内容。

2．将微课等同于课堂实录

教师出镜、出声过多，分散学习者注意力，影响了学习效果。主要表现在内容讲解中会强调"与学生相对的教师身份""有意保留课堂教学环节，甚至追求这种课堂教学环节的完整""微课就是解读上课用的课件"，用课堂教学这种

方式讲解学习内容，在学生的实际学习中有时会降低学习者观看视频的兴趣，不能有效更新学生的思维视野，因此，微课设计强调从学生学习角度设计内容呈现方式，要符合学习者个体通过视频学习的特点。

3．知识密度高，忽视引导学生深度思考

注重高密度地呈现知识，忽视通过在微课的前、中、后三个阶段提出系列问题引导学生深度思考，使学习者只停留在知晓的肤浅层面。

4．过分追求可视化、动态化和趣味性

将学习者的注意力从内容上转移到呈现形式上，不仅偏离了学习目标，而且容易养成思维惰性、满足于短暂视觉快感和心理愉悦的不良学习习惯。

5．视频拍摄和制作有技术缺陷

视频不够清晰，缺少后期制作，例如没有进行必要的裁剪、添加字幕、特效，音画不同步，视听不一致，噪声大。

（二）设计微课的建议

1．提升对微课的认识水平

微课创作者应首先全面了解微课的时代背景、现实需求、核心本质、教育价值、应用领域、优势短板和发展趋势，然后再熟悉微课的设计原则、创作方法和制作技术。

2．观摩、借鉴优秀微课作品

从微课选题、创意、设计理念、内容呈现、制作技术等方面分析、借鉴全国性微课大赛的获奖优秀作品，学习其优点；同时通过剖析设计欠佳的微课作品避免走入误区；通过对比分析建构自己对微课的独特理解和设计思路。

3. 做好整体设计

从某个专题或某门课程的知识体系出发，选取其中的重点、难点、易错点，设计和制作系列紧密联系的微课。系列中的每个微课既相对独立，又环环相扣。

4. 遵循梅瑞尔的首要教学原理

首先创设学习情境，承接先前知识，唤醒先前经验；接着解决重难点；最后引出后续知识点。将先前知识和后续知识串联，架设起联结学习者过去、现在和未来的桥梁。巧妙设计系列问题进行层层引导，触发学习者的深度思考。

5. 以提升思维能力为核心目标

不要过度可视化、动态化和趣味化，要虚实结合、动静结合、具体抽象结合，在恰当的情境、情绪和节奏当中，使学习者集中精力观看、体会和思考所呈现的内容，养成良好的思考习惯，提升高阶思维能力。

6. 根据需要确定教师是否出镜和出声

微课作为一种学习者自主学习的材料，讲解者本身（肢体）语言可以给学习者传递一定的信息，但并非要求一定要有教师的镜头，多数情况下教师在镜头下会有压迫感或紧张感，反而会影响学习者观看教学内容。有很多微课作品制作中通过专业抠像和非线性视频编辑处理教师出镜问题，增加了微课制作的难度和复杂性。

数字故事类微课旨在让学习者在优美的轻音乐中细细品味内容展开思考，这类微课教师不宜出镜和出声。

需要教师运用丰富的形体语言、师生互动、角色扮演辅助的微课，这时教师出镜和出声，可收到特殊的教学效果。 教师头像可以在片头片尾出现。

7. 提升拍摄水准，加强后期处理

对于教师出镜、师生互动和场景切换较多的微课视频，建议由专业人员拍摄。拍摄后应该进行后期处理，包括裁剪、添加字幕和特效、使音画同步、增强视听一致性。

一切事物处于发展变化的状态之中，创作者希望在需要的时候能够再次编辑加工自己设计的材料，但视频材料一旦生成，编辑修改就非常困难。即使制作出的微课中出现一些问题想要改正或想要添加一些更好的设计，有时制作者也会因为编辑麻烦而放弃修改，所以在制作微课时就要处处考虑为后期修改编辑提供便利：如保留原始文件和素材、进一步缩小微课选题的知识点粒度（层级）和范围，如圆的面积推导公式是小学数学"空间与几何"中的一个知识点，可以作为微课选题，也可以细分为一种具体的方法：用矩形面积推导圆的面积、用三角形面积推导圆的面积，一分为二或更多。

8. 鼓励一线教师的实践探索

微课不要模式化，不要求全。 始终突出教学第一、效果第一和有效传递原则，而不是技术第一、"先进"理念第一原则。

9. 强调"简、图、比、美"原则

简 —— 简洁，突出重点、难点、易错点；

图 —— 多用图形、图像、视频、动画，字少而精；

比 —— 通过字体、大小、颜色、明暗和案例对比，以突出教学重点；

美 —— 追求美感、韵味、想象力，让人过目难忘。

三、微课设计开发流程

（一）微课开发思路

在进行微课创作前，应先分析微课的授课对象及课程或相关专业的特点，以便有针对性地选择适宜的题目。进行微课选题时，题目应是学习过程中的重点、难点、疑点或热点，且适宜用流媒体的形式进行表达。在确定微课的选题后，还应明确该选题对应的学习目标，以便后续教学过程设计及教学资源的组织。剖析适宜的教学模式，设计合理的教学过程，以便在整个认知或学习过程中循序渐进，更好地接受并掌握微课中的教学内容（如下图）。

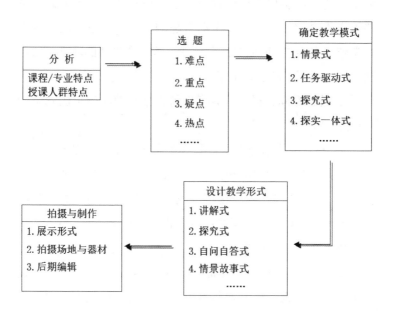

微课开发的大体思路是：

1. 要体现出本节微课的学习目标，让学生明确本节微课的学习任务，要明确你的设计目的是用于学生自学，用于课前预习，用于课堂插播，还是用于课后作业。

2. 明确选题思路。也就是要写清你选什么题目和你为什么要选这个题目。微课题目要求有二：一是要小。选定的题目在 5 到 10 分钟内能够学完。微课精髓在于小。题目太大，时间就会太长，这样不利于控制学生兴趣。因为时间一长，学生就会分散注意力。二是要准，也就是要准确扣住学生学习难点和重点。为此，制作微课前最好做一些调查。

3. 在微课讲解中采用什么样的形式／手法让学生理解和掌握知识点。微课和一般课堂教学手段不一样的地方，就是你不可能无限制地使用现代教学手段进行教学，因为微课主要给学生讲解知识点，以生动有趣的例子、故事、动画等方式突破重点难点。所以一定要精选那些适合微课的教学手段，比如 ppt 展示、动画、电子白板等。

4. 通过反问、提问或者案例解析来帮助学生巩固本节的知识点。

5. 设计微课教学范式。微课教学步骤不像一般课堂教学那么复杂，没有固定的模式，如果说有的话，简单地说就是"导入 —— 讲授 —— 操练"。根据任务的不同，微课教学形式上可以有以下几种类型：讲解式、探究式、自问自答式、情景故事式、教学实录式、实验式、朗读式等。

6. 摄录工具和摄录设备的准备。比如你打算用电子白板还是用普通黑板，用多媒体教室，还是用普通教室。用录像机还是手机。录制前这些都要准备好。

7. 录制方式。微课录制方式一般有：第一，ppt 展示模式。用 ppt 讲解然后通过适当的形式录制下来；可以只出现画面不出现教师，也可以都出现。第二，讲课模式，教师像平时讲课一样讲授，然后录制下来；第三，情景式。通过情景剧的形式将知识点转化为故事或者剧本进行拍摄。

（二）微课开发流程

微课的开发流程包括选题、教案编写、制作课件、教学实施与拍摄、后期制作、教学评价反思等。其具体流程如下图:

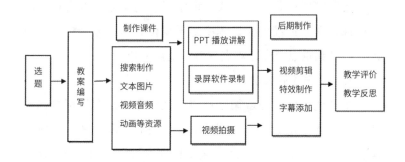

四、微课的选题

（一）确定微课选题的基本原则

选题是微课创作的第一步，恰当的选题是微课创作成功的基石。为避免陷于微课选题的误区，笔者大量分析国内外优秀微课选题，总结优秀微课选题之共性规律，提出确定微课选题应遵循以下基本原则。

1. 学习者中心与换位思考原则

微课创作必须从以教师中心转变为以学习者中心，进行换位思考，通过问卷调查、访谈、前测等途径进行学习者特征分析、学习需求分析，摸清学习者有哪些重点、难点、疑点、考点、关键点、易错点、易混淆点和感兴趣的热点问题，进行有针对性的选题设计，必要时吸收学习者参与选题。例如，可汗学院的系列微课之所以受到全世界学习者的喜爱，一个重要原因是萨尔曼·可汗不仅是个学习高手（特别是数学、计算机方面），而且在创作系列微课之前曾经以家教方式辅导表弟表妹学习数学，形成了以学习者为中心的教育理念，在微课选题及后续创作过程中善于换位思考，准确把握学习需求，做到重点突出、难点突破、疑点解决。

2. 创意与个性化原则

微课选题确定应遵循创意与个性化原则，即尽可能选取有原创内容，汇聚个人或团队创见、灵感、隐性知识、典型案例、令人耳目一新的内容。随着微课学习资源的日益丰富，唯有创意十足的个性化微课能够吸引学习者"眼球"、被学习者青睐，进而脱颖而出，而同质化、低水平的微课自然会被遗弃、淘汰。因此，微课选题及创作要扬长避短，走创意与个性化之路。例如，可汗学院的系列微课无论在选题、创意上，还是呈现方式和教学风格上，都具有鲜明的萨尔曼·可汗风格。2013年全国多媒体课件大赛一等奖微课《从龟兔赛跑看管理的常管常新》以龟兔赛跑和管理思维为选题，对家喻户晓的龟兔赛跑故事进行创造性改编，巧妙地将3种管理思维方式和4个管理观点融入7轮龟兔赛跑的故事中，选题新颖、创意十足、引人入胜，令人印象深刻。

3. 难度适中与内容精选原则

微课选题应遵循最近发展区理论，着眼于学习者的最近发展区，为学习者提供难度适中的内容，以调动学习者的积极性，发挥其潜能，超越其最近发展区而达到下一发展阶段的水平。所谓最近发展区，是指学习者的现有水平（指独立活动时所能达到的解决问题的水平）与学习者可能的发展水平（通过教学所获得的潜力）之间的差距，通俗地说就是"跳一跳够得着"。太难或太易的选题都不适合微课创作。对于难度太大的选题，可以遵循小步子原则，将其分解为 2 ～ 3 个微课选题，降低难度等级，有利于各个击破。而要在短短几分钟内学习掌握有一定难度的内容，必须遵循内容精选原则，即去粗取精、删繁就简、化繁为简。例如，五分钟课程网微课《五分钟看懂血常规化验单》，面对密密麻麻写满二十多项指标、专业符号、陌生标记的血常规化验单，普通大众觉得异常复杂、无从下手。而微课作者化繁为简、化难为易、突出重点，将看懂血常规化验单的方法简化为"两步"和"四个指标"。"两步"即"第一步，看状态栏是否有箭头""第二步，看异常项目是哪些"。"四个指标"即学会看懂血小板、白细胞、血红蛋白和红细胞四个主要指标即可，其他指标可以举一反三。

4. 聚焦原则

微课选题要遵循聚焦原则，即依据"二八定律"，围绕重点、难点、疑点、关键点（瓶颈、障碍点）创作微课，如此方可做到短小精悍。通俗地说，就是要关注学习者的"痛点""痒点""卖点（兴奋点）"。例如，2013年全国多媒体课件大赛一等奖微课《什么是微课》，该选题内容在当时既是课程教学的重点、难点和疑点，也是学习者十分关注的热点和焦点。微课《Alone-Lonely》以英语学习者特别容易混淆的Alone和Lonely为选题，通过一对老年夫妻，丈夫外出，妻子独自在家，从自在到孤独的五十秒情境短剧，掌握Alone和Lonely的区别与联系，令人过目不忘。可汗学院微课《平均数、中位数、众数》以统计学中特别容易混淆的平均数、中位数、众数为选题，通过举例说明较好地解决这一学习难点、疑点和易错点。

5. 切身相关性原则

微课创作应选取与学习者的学习、工作、生活息息相关的内容，使学习者不再是旁观者，而是切身利益相关者，从而迅速进入学习状态。例如，《枪击事件生存指南》微视频是美国休斯敦政府根据枪击事件频发、严重威胁公众安全的现状，为指导公众正确应对突发枪击事件、提升恐怖事件生存能力而创作的公民安全教育微视频。该微视频的中文字幕版在2014年3月1日发生云南火车站暴徒砍杀无辜群众事件后在国内得到了广泛传播，引起了国内媒体、公众对类似公民安全教育的广泛关注，对于公众实用型微课的选题具有重要的启示作用。

6. 科学性与趣味性相结合原则

微课选题应遵循科学性与趣味性相结合原则，即微课选题既要内容严谨、准确、规范，理论联系实际，反映学科发展，没有科学性、政策性错误，又要具有一定的趣味性。例如，《从龟兔赛跑看管理的常管常新》微课将严谨的管理思维巧妙地融入戏剧性十足的龟兔赛跑趣味故事中。全国多媒体课件大赛一等奖微课《网络搜索与批判性思维》将批判性思维巧妙地融入"卧槽泥马"和"卧春"两个既搞笑、诙谐、雷人又发人深省的故事中。五分钟课程网微课《罗斯福的三个面包》将陌生、抽象的边际效用及递减规律与罗斯福总统鲜为人知的"三个面包"的有趣故事建立起关联。语文微课《顺叙与倒叙》将记叙文的两种记叙方式融入作者早上钓鱼、中午杀鱼、晚上吃鱼的故事讲解中。

7. 系列化原则

总体而言，微课具有短小精悍、支持个性化学习等诸多优点，但从个体而言，单个知识点微课依然存在缺乏深度、广度，容易导致浅阅读、加剧知识碎片化等问题。因此，微课选题还应遵循系列化原则，即从一门课程某个学习单元／模块／主题缜密的知识体系出发，选取其中的重点、难点、关键点、疑点、考点、易错点、易混淆点、热点和扩展点，设计和制作一系列既相对独立，又环环相扣、相互联系的微课，加上一系列与之配套的教学活动组织（包括思考、讨论、练习、测试、实验、实习、展示、交流等），构成单元／模块／主题微课。微课选题遵循系列化原则，有助于消减单个知识点微课可能的碎片化、浅阅读等短板问题。

8. 普及与实用性原则

微课选题应遵循普及与实用性原则，即选取科普类、安全教育类、医学常识类、生活技巧类、通用职业技能类等贴近大众、百姓生活的微课选题，支持全民终身学习和学习型社会建设。近年来，国家开放大学五分钟课程网发布了大量普及与实用性微课，例如《五分钟看懂血常规化验单》《您选对鞋了吗》《老年人如何摆脱疑病症》等，受到学习者广泛欢迎和好评。

（二）确定微课选题的基本方法

微课创作应高度重视微课选题环节，遵循上述选题原则，充分发挥现代信息技术化难为易、化繁为简、化静为动、化陌生为熟悉、化抽象为直观、化隐性为显性、模拟仿真、虚拟现实、突破时空限制、拓展学习时空、激发学习动机、创设最佳学习环境、提供丰富学习资源、提供人性化（智能化）的学习支持等优势，更好地帮助学习者提高学习效率、学习效果和学习质量。笔者基于自身微课创作实践，总结提出如下三点确定微课选题的具体方法。

1. 依据课程标准和规划教材

课程标准是课程教学的基本依据，规划教材是课程教学的蓝本。依据课程标准和规划教材，我们可以确定微课选题的基本框架。但要避免仅仅局限于课程标准和规划教材，不敢超越课程标准和教材范围，而应广泛吸收、巧妙融合多个版本教材的精髓。

2. 善于挖掘个人和教学团队的教学智慧、隐性知识

在崇尚知识创新、创造力培养和个性化发展的今天，个人和教学团队的教学智慧、隐性知识无疑是优秀微课的选题来源之一。微课创作者应组建微课创作团队，通过教学研讨、头脑风暴、世界咖啡、深度会谈、视觉会议、思维导图等多

种方式集合教学团队的教学经验、教学智慧、创意灵感和隐性知识，从而获得题材新颖、创意十足的微课选题。

3. 通过问卷调查、访谈、前测等多种途径确定微课选题

问卷调查、访谈、前测是进行学习者特征分析、学习需求分析的重要途径，也是确定微课选题的可行方法。随着手机、平板电脑等移动终端的普及，微课创作者可以利用网络问卷（例如问卷星）及 QQ、微博、微信等网络社交平台轻松发布网络问卷、在线测验，组织师生访谈，做到及时、准确地掌握学习者的基本特征和学习需求，进而梳理出教学重点、难点、疑点、考点、关键点、易错点、易混淆点和兴趣点（热点），围绕这些知识点进行选题设计和微课创作。

微课选题中的"重点"是指比较重要、必须掌握的基本概念、基本原理、基本方法、基本技能等，这些知识点具有基础性、奠基性、普适性、可组合性、可迁移性和方法论意义。

"难点"是指难理解、难掌握、难内化的抽象概念、难懂原理、复杂方法、烦琐流程、综合技能、隐性知识、陌生事物，以及其他看不见、摸不着、说不清、道不明的东西。

"关键点"是指起关键作用的知识点，学习者一旦掌握，其他知识点就会比较容易理解和掌握，难点也随之迎刃而解。

"疑点"是指学习过程中所遗留或新生成的疑问之处。第一类疑点是对学习材料尚未完全理解和消化所引起的疑问，是遗留下来的学习欠债。第二类疑点是对学习材料已经理解和消化，但通过思考在已学知识的基础上产生的新疑问。第三类疑点是由于学习触发了好奇心而产生的刨根问底、打破砂锅问到底式疑问。第二、三类疑点是深度学习的标志，是

后续学习的新起点。微课创作应确保解决学习者的第一类疑点，积极引发第二、三类疑点，为后续扩展学习奠定坚实基础。学习中的最大疑点来自认知冲突，即新知识、新情境与已有认知产生矛盾、冲突时，学习者会油然而生疑问，按捺不住探究热情，学习动机得到强化。

"易错点"是指看似简单、其实不简单、其貌不扬、不被注意、易被忽略、似是而非的知识点。三类易错点值得微课设计者注意。第一类是多数人出错的代表性错误，第二类是某部分人一错再错的顽固性错误，第三类是个别人在不该出错的地方出现的低级错误和典型性错误。"易错点"一般通过分析、诊断、强调、反复练习加以解决。

"易混淆点"是指知识点之间相近相似、混淆不清、张冠李戴、似是而非的部分。易混淆点一般通过比较、强调的方法加以解决。

"障碍点"是指学习者形成本次课知识、能力遇到的主要障碍（瓶颈），包括认知（思维）障碍和技能（能力）障碍。

"热点"是指受学习者关注、欢迎的热点人物、热点事件（新闻）。微课创作者应善于发掘学习者感兴趣的热点人物、事件与所学知识点之间看似无关的内在联系。

"扩展点"是指以核心知识点打造知识网络，把相关知识连接起来，产生类似"滚雪球"的学习效果。

（三）微课选题误区

1. 选题太大、太宽、太泛，不够聚焦，没有突出重点、难点、疑点、关键点例如，某高职汽修专业微课以"磁电式－曲轴位置传感器"为选题，短短十分钟的微课却涵盖了磁电式－曲轴位置传感器的作用、安装位置、结构、原理、电路、信号分析、常见故障与检测方法共八个大的知识点，其中后 4 个大的知识点均包括多个小的知识点。某电子商务概论微课以"电子商务的定义、特点、内容和意义"为选题，涵盖四个大的知识点，其中每个大的知识点还包括多个小的知识点。以上两个微课选题实际上是 1 节课的教学内容，这种把一节课强行压缩为 10 分钟以内的"微课"我们称之为"压缩饼干型微课"。这类选题误区在微课创作的早期非常普遍，至今还存在。这类微课由于内容太多，导致赶时间、节奏过快、呈现不清、讲解不明、信息过载、学习者跟不上，效果极差。

2. 选题太难

例如，某信息技术微课以"超级海报是如何炼成的"为选题，选题虽然有很强的吸引力和挑战性，但期待学习者通过一个微课就学会制作超级海报，显然不太现实。不如把这个比较难的选题分解成多个小微课，各个击破。

3. 选题太易、太浅

例如，有些微课作者有意或无意地回避教学重点、难点、疑点、关键点，专门选取那些只需了解、识记的事实性知识，只需自主阅读纸质教材或普通电子教材就能够掌握的浅显知识，只需简单模仿就能够掌握的简单技能。这种"专拣软柿子捏"的微课选题，一是没有必要花费时间、精力和财力，二是引不起学习者的兴趣。

4. 选题太散、太杂、简单拼凑

例如，某些概论、概览、历史回顾型微课只是简单罗列事实、数据、事件，缺乏核心思想、观点和主线牵引，即使画面美轮美奂，也只给人留下"走马观花"的观感。

5. 课堂实录，表面热闹，实际无效

许多微课选取课堂教学中学生自主学习、教师巡回指导、学生小组讨论、展示汇报、学生互评、教师点评等环节，表面上看起来很热闹，但实际上学生通过这些活动视频并不能学到实质性的内容。

6. 选题缺乏创意、无趣乏味

许多微课选题仅仅局限于课程标准和规划教材，没有集合教学团队的教学智慧、创意灵感，显得题材老套、内容陈旧、平淡无奇、无趣乏味。

第三章 开发优秀的微课

一、微课的评价指标

什么是好微课？如何进行评价？目前没有统一的标准。张春一教授曾经提出过七个评判指标，即符合这七点即为比较好的微课，这七点是：准确引人的标题、特色恰当的内容、创新为学的设计、充分合理的技术、精湛怡人的讲授、目标达成的效果、灵活多样的使用。

这个评价标准，是从目标与内容、设计与教学、效果与实现、技术与规范四个方面提出的。

目前，全国职业院校信息化教学大赛举办了多年，形成了一个比较规范的评审机制和办法。大赛的教学设计、课堂教学、实训等赛项已形成了一个比较有效的评审标准，主要标准从总体设计、教学过程、教学效果、特色创新四个维度进行考量。具体评价标准如下表：

评比指标	分值	评比要素
教学设计	30	1. 教学目标明确、主题突出、内容合理、策略得当，符合职业院校学生认知特点和技术技能人才培养要求； 2. 充分、合理运用信息技术、数字资源和信息化教学设施，系统优化教学过程； 3. 教案完整、规范。

教学实施	35	1. 教学实施与教学方案相符； 2. 教学组织与方法得当，教学内容与呈现准确，教学环节与过渡流畅，做到信息技术与教学的有机融合，突出"以生为本"、体现"学做合一"； 3. 教师态度认真、教学严谨、表达规范、技术娴熟。
教学效果	20	1. 运用信息技术有效完成教学任务，切实解决教学重点和难点问题，促进学生学习兴趣和学习能力的提高； 2. 作品短小精悍，图像清晰、声音清楚、技术规范、制作美观。
特色创新	15	理念先进，设计新颖，技术实用，具有较强的示范性与应用性。

二、微课录制注意要点

微课是用来呈现碎片化的内容或知识点的，帮助人们在碎片化的时间中进行学习。制作微课的门槛已经越来越低，大多数知道微课的朋友都可以轻松地制作出一节微课，但质量确实参差不齐，微课绝不仅仅是一个视频那么简单，它要求从视觉听觉上要让人感觉舒服，注意以下几点，你的微课将会有质的提升。

（一）微课的主题一定要鲜明

微课的主题一定要鲜明，在微课的标题中一定要说清楚整节微课所讲述的内容，不能含糊其词，题目太大。微课的主题应该是直击痛点的，其受众也是确定的。标题要直接讲清楚你的微课是要干什么。

（二）微课封面一定要吸引眼球

微课封面，这是大多数人都会忽略的问题，你的微课一定要有一张审美正常，最好是比较能吸引人眼球的封面，特别是在同类微课数量较多的条件下，你的封面质量决定了受众的选择。大多数朋友都会在录制完成之后让系统自动配置封面，这是十分不可取的选择。

（三）微课录制工具按需选择

微课录制工具的选择，不要拘泥于录制工具，现在的录屏软件，录像设备比比皆是，并且很方便操作。只要能把你的讲述内容录制下来就可以。你需要注意的是你的录制能力，录制时手不要抖，画面要稳。

（四）微课编辑选择专业软件

相比于录制工具的简单化和多样化，编辑工具就会少一些，一些录制工具提供了简单的编辑功能，但那对于制作出色的微课依然是远远不够的，最好的选择是你再掌握一种稍微专业一点的视频剪辑软件，比如 edius。

（五）微课呈现形式多样化

依据微课内容选择最好的呈现方式，录制已经不再是微课唯一的呈现方式了，我们看到很多微课正在脱离讲述，或者是画面，他们选择将文字随着音乐的节拍呈现，让人们在音乐节拍中阅读，提升学习效率。

（六）微课结尾要重视

顺利做好了前面的工作，结尾也是不能忽略的，虽然很多人可能看不到你的结尾，但结尾更加能反映你的制作心态、制作水平。结尾可以出现一些类似复习的东西，但是不宜过长，5 到 10 秒就好了，这里可以有有关知识点的总结性话语。

第四章 微课脚本的制作

一、微课脚本的重要性

微课脚本是微课设计制作中十分重要的环节，微课脚本将微课设计教案转变成技术语言，从技术的层面为微课设计制作进行准备。微课脚本的设计需要依据微课教案，考虑制作微课的素材、布局、衔接性、时间控制等因素。微课脚本组织了微课制作的思路，是制作者制作微课的直接依据。

微课的设计是基于学习目标与学习内容，选择主题相对完整的微问题，注重选择启发式教学，同时对微课承载的问题进行系统化整合。当某些重点内容耗时长且较为复杂时，可将其分解为一组内容相关、思路相接的视频片段，保证学习者学习思路的连贯性与完整性，此时就凸显微课脚本的必要性。

微课因为主题突出、指向明确、短小精悍、使用方便等众多优点而受到很多学习者的喜欢。通过微课学习，不仅可以培养学习者自我发现、自我学习、独立思考和动手实践的能力，也节省了教师上课时的重复劳动时间，提高了教师讲解的价值。因此制作出高质量的微课是非常必要的。而微课脚本是微课的核心所系、灵魂所在，决定着微课的优劣。

整个微课脚本的设计包括：甄选知识点、书写解说词、设计亮点、体现动画效果、适当制作 ppt 等。微课中脚本就相当于微课的灵魂，所有微课的展现都是由脚本一步步实现的。所以脚本的制作需要我们开动脑筋认真思考。

微课脚本设计的作用与电影、电视制作中剧本的作用有一定的相通性，是微课程制作者开发微课程的依据。一般来讲微课脚本包括文字脚本和制作脚本。

文字脚本是由教师根据教材进行编写的。根据对教学的分析，确定从属技能，编写教学目标，按照教学内容之间的联系和学习者的学习规律，对有关画面和声音材料进行组织安排。

从电影角度来说，剧本是电影的核心，从微课角度来说，脚本设计比酷炫画面更重要：一个优秀的微课作品，一定是依靠优秀的脚本作支撑。教师制作微课时，应该把重心和精力放在脚本设计中。制作脚本，是在深入了解文字脚本的基础上，根据媒体特点和呈现方式反复构思，进一步开展。参与制作脚本编写的人员有学科教师、教学设计师和后期制作人员。当教师也能掌握教学设计和后期制作时，便可单独完成制作脚本的编写。

以下为微课脚本设计模版。包含画面布局、解说、占用时间、其他资源的运用、画面转换等部分。其中要说明的是画面转换为当前画面与下一个画面的转换方式，如跳转、白色渐变等。见下表：

表 2 微课脚本设计模板

序号	画面布局	解说	占用时间	其他资源的运用	画面转换	备注

二、微课脚本设计的原则

微课脚本设计的原则在一定程度上与多媒体课件脚本设计原则类似。我们在进行微课脚本设计时应注意以下几点：

（一）科学性

制作微课的目的是传递知识，所以必须保证知识是正确的、科学的、严谨的，同时知识重难点的划分也要符合学习者的认知规律。

（二）流畅性

一个标准的微课脚本，文字读起来要非常流畅，易理解。脚本设计人员一方面要使用规范的、合理的标点符号、语句来详细描述问题；另一方面，脚本中对教学内容的选定要流畅，每一步之间都衔接自然，不能出现断层，并且在内容的衔接上一定要保证逻辑性，一般来说要由浅入深，由易到难，逐步深入。

（三）生动性

生动性可以激发学生观看微课的兴趣。当前微课的普遍问题就是文字枯燥，演示表现手法简单。所以脚本设计人员可以选择实例来进行演示，务必使内容生动形象。

（四）合理性

这里讲的合理性包含内容的合理性，更重要的是媒体选择的合理性。选择媒体时，要根据学生特征，依据学习目标和任务类型，以及媒体的特征和其具备的教学功能、媒体本身的成本、易获得性来选择合适的媒体。

（五）交互性

交互性是一种双向互动的性质。尽管大部分的微课视频不具有交互功能，但根据课程的需要，有时也需要加入交互环节。通过师生交互、生生交互促进学习者对知识的理解、掌握和运用。

三、微课脚本设计的过程

微课脚本设计的过程通常分为两步：第一步编写文字脚本，第二步编写制作脚本。

（一）文字脚本的编写

编写文字脚本，即学科教师用文字表达每一个教学环节的教学内容、媒体选择、处理方法。教材是文字脚本编写的基础。不同学科的教材，其主题和层次都不同，因此，在选定制作的微课主题后，就要开始研究教学内容、侧重点、难点等，并选择合适的媒体资源及其组合形式。

文字脚本是在既定的教学目的的基础上编写的。首先，它要反映教学内容；其次，要反映对知识点的分解和重构，说明教学媒体选择和内容呈现方式，并描述教学的过程。所以说，一个完整的文字脚本必须包含以下几个方面：

1. 教学目标。教学目标是学习者在接受教学之后，对可以做到的行为的清晰描述，也就是对这节微课将要完成的任务的具体描述。

2. 媒体分析。是基于对教学内容的分析，根据知识点和重难点，选择媒体及其呈现方式。

3. 目标问题。目标问题编写与教学系统设计中编写评测量表有一定的相通性。问题的设定在一定程度上体现了微课的交互性。根据教学目标制定微练习，检测学生的掌握情况以便调整教学。

根据文字脚本编写的内容格式，我们可以简单地制作出一个文字脚本表格：

表 3　文字脚本表格

序号	目标（内容）	媒体类型	呈现方式	问题编写

（二）　制作脚本的编写

在写好文字脚本和选好制作软件之后，就可以进行制作脚本的编写。制作脚本作为微课制作的技术图，是根据视听媒体和计算机的特点，在文字脚本的基础上编制的，制作脚本可以使用不同的格式，包含以下几个方面：

1. 界面信息。即界面所包含的内容信息，如教学内容信息，操作信息，反馈信息。

2. 屏幕设计。包括版面设计、呈现方式设计、视觉设计、热键、按钮、菜单等。

3. 链接关系。微课中每一个界面都不是孤立存在的，都与其他界面存在超链接的关系。在制作脚本中要体现界面间的链接关系，比如说明如何进入该界面和怎样转出该界面。

根据我们以上提到的制作脚本所包含的必要内容，笔者可以给出两个制作脚本的脚本卡片供大家参考。这里引入一个脚本卡片的概念，脚本卡片的有序集合就是脚本。微课脚本卡片没有统一的固定格式，粤教版的《信息技术基础》认为一般的脚本卡片由卡片头、屏幕显示部分、制作要求说明部分和跳转说明部分四部分组成。

表4　制作脚本格式表1

项目：　　　　　　　界面主题：　　　　　　　页号：

转入控制		转入条件	
页面介绍			
素材说明			
转出页号		转出条件	

脚本设计：　　　　　　　　　　　　　　时间：

表5　制作脚本格式表2

文件名：	主要热键：
知识内容：	
进入方式：	呈现顺序说明：
键出方式：	

页号：　　　　　　　　　　　　　　　时间：

四、优秀微课脚本设计方法

微课的目的是优化教学效果，提高学习效率。微课脚本首先关心的应是有没有必要利用微课进行教学。所以在编写优秀的微课脚本时要做到以下几点：

（一）选择合适的课题

并不是所有的知识点都适合做微课。能够被选作微课的课题应该满足下面三个条件：小、巧、精。

小：小是指知识主题小，一个微课只讲一个特定的知识点或一个问题，3～9分钟就能将其讲清楚，如果牵扯到其他知识点，则另设微课。

巧：巧是指所选题材是教学中的重难点。微课是为了解决学生学习中存在的问题，所以在选题上要尽量挑选平时学生学习中容易混淆、出错的内容进行制作，使之成为解决重难点的有力武器。

精：微课的选题应当是精选的，其内容必须且只能用视频呈现。如果使用黑板教学或进行活动实践的教学效果更佳，则不符合微课的选题。如制作面包怎样发酵的微课，教师口述或图片都不能直观表达，将其制作成动态演示就成了必须。

（二）确定脚本的类型

这一步是要根据我们的具体内容来确定脚本类型。脚本包括四种类型：知识原理类、技能操作类、问题解决类、案例故事类。

我们用一道连线题来理解这四种类型：请从下列微课题目辨识它们分别属于哪种类型。

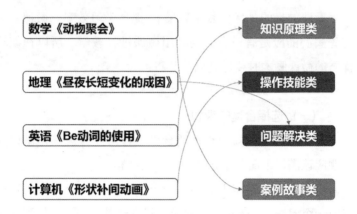

确定脚本类型的目的是为下一步做准备，因为每种类型将会有不同的设计思路。接下来，就是最重要的第三步。

（三）理清内容的逻辑

有时我们会出现看完一个微课仍然云里雾里的现象，比如下面这个设计：

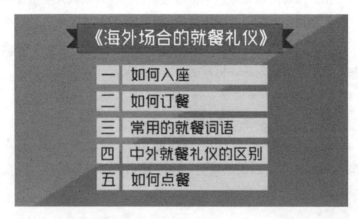

上图中，你能看出来就餐礼仪是先入座还是先订餐吗？只有就餐词语，那订餐词语就不交代了吗？

上述问题之所以让人搞不清楚，问题就出在逻辑上，不符合人的认识规律，会让学生"越听越懵"——老师你到底在讲什么？

逻辑思维可以帮助我们把微课讲清楚。不同的微课类型，可以用不同的方法来"讲清楚"。

●**知识原理类**：用"是什么""为什么""怎么做"的方式进行讲解，即 2W1H 法，如"管理创新"

●**技能操作类**：可以用一个操作错误作为引爆点，分析其错误的关键点，继而讲解正确的操作方法，最后进行总结。

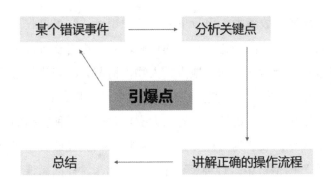

●**问题解决类**：既然是问题，我们可以先提出问题，继而分析问题、讲解技能，最后得出问题的解决方案。如在《Reservation（前台接待）》一课中，教师首先展示了学生

在用英语进行前台接待中遇到的尴尬问题，通过讲解最后呈现优化后的效果。

提出问题　　　　　　　分析问题

得出解决方案　　　　　技能讲解

●案例故事类：用故事来讲解知识点往往可以收到很好的效果，这是因为比起直接的讲解，观众更喜欢听故事。集齐故事的元素（时间、地点、人物、情节），创建故事的层次（开端、发展、高潮、结尾），故事可以开讲了。

如在设计《认识咖啡的三大类》时，将每种类别的咖啡豆拟人化，取名为《豆豆秀》，将这三颗豆豆放置于"豆豆PK赛"的情节中，每种豆豆作自我介绍，这样的微课设计形象而生动，极易获取学生的关注。

做到了讲清楚，基本上已经完成了脚本设计，但是如果我们还希望作品出彩，不妨再继续最后一步。

（四）使用诙谐的语言

使用接地气的语言与学生对话，多使用"我们"而非"你"，可以加入当下流行词，让微课与学生"打成一片"。

如在微课《羊毛毡服饰展示与制作》中，教师穿插了当时的流行语"都教授""亲，淘宝爆款哦～"等诙谐的语言，充满了趣味性。

"惊喜不惊喜，意外不意外"　　　　"吃瓜群众"

"贫穷限制了我的想象"　　　　"宝宝心里苦"

以上，就是如何写出优秀微课脚本的全部内容。

第五章 微课的开发过程

一、微课录制准备

录制微课的过程中，可以采用以下两种方式：一种是语音录入，一种是录制电脑里的声音。录制语音的时候，首先得检查硬件设备：

台式机的外接麦克风是否连接正确，通常麦克风的插头处是有颜色的（通常是粉红色），插入台式机电脑的声卡对应颜色的插孔就可以。

笔记本电脑通常是内置麦克风（有极个别款式的笔记本电脑是不带内置麦克风）

（一）在 win7 下麦克风录音设置方法步骤

1. 首先在桌面右下角的小喇叭上点右键，选择录音设备。

先要认准麦克风，就是说有的机器自带麦克风，有的可以插入耳麦或者麦克风，当插入之后就会出现两个麦克风（如下图所示），可以通过拔插外接的麦克风或者耳麦，确定哪个是你需要使用的麦克风，拔插时这里的麦克风就会消失和出现进而确认。

2. 确认麦克风之后，在那个麦克风上面点右键，选择设置为默认设备。

3. 然后点下面的属性或者在麦克风上面点右键选择属性，在级别中把麦克风拉到最右面，下面的麦克风加强选择 10dB 即可。

4. 如果语音聊天的过程中有比较大的啸叫声或者耳鸣声，把侦听前面的 √ 去掉。

5. 如果在语音时有噪音或者回音，把下面的三个选项都打√即可。

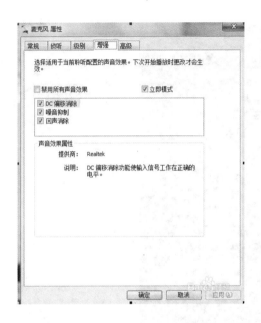

（二）录音测试

打开操作系统里的 程序 —— 附件 —— 录音机，点击开始录音，然后你开始发声，这时如果你看到绿色的音量指示器在跳动，那就说明麦克风是设置好了的，回放声音也就可以听到刚才你录入的语音了。

（三）智能手机录音方法步骤

1. 找到智能手机系统自带的录音机软件，打开它。

2. 进入录音界面，点击左下角的"开始"按钮开始录音。

3. 录音中如果要暂停，点击左下角的"暂停"按钮暂停录音。

4. 如果要继续录音，再点击左下角的"继续"按钮继续录音。

5. 如果要结束录音，点击下方中间靠左的"完成"按钮结束录音。

6. 点击"完成"按钮后，会跳出来一个对话框，默认是用日期及编号对刚才的录音命名，这里也可以对刚才的录音重命名。最后点击"保存"按钮后保存录音。

（四）录音技巧

好的录音笔也需要会用的人才能让它发挥出最好的效果，下面给大家分享几个实用的录音技巧：

1. 噪声与灵敏度：大多数人都想要灵敏度高、收录距离远、噪声小，其实这两个很矛盾，灵敏度越高收录距离就越远，收录越远的噪声就会越多，这是不可避免的。

2. 尽可能地离说话人近一点，虽然我们的录音笔隔 7～8 米以上也能录到，但是效果就没有那么好了，如果不追求音质，只为听清并用文字记录下来，7～8 米以上也可以。

3. 如果录音笔放在桌子上，最好使用软一点的东西垫起来，录音过程尽量不要去碰录音笔。

4. 将房间的窗户、门和墙、地上用被子或者棉花之类的东西垫起来，确保外界一点声音都穿透不了，如果您在郊区就更好了。

5. 打开录音笔，设置到最高品质，关掉一切电子设备如空调、电脑、音响等。

6. 为了不让自己说话的口气直接吹到麦克风上，在麦克风上套一个 5MM 的海绵。

7. 稳定录音笔，最好用架子支起来，口腔与麦克风保持

15CM 左右的距离。

8. 录制过程中尽量不要发出其他不必要的声音。

9. 如果您的要求更高，录制完成之后使用 Cool edit 专业音频软件进行软件降噪。

（五）常见音频格式

音频格式即音乐格式。音频格式是指要在计算机内播放或是处理音频文件，是对声音文件进行数、模转换的过程。音频格式最大带宽是 20KHZ，速率介于 40 ～ 50KHZ 之间，采用线性脉冲编码调制 PCM，每一量化步长都具有相等的长度。

1. 常见格式

CD

CD 格式是音质比较高的音频格式。因此要讲音频格式，CD 自然是打头阵的。在大多数播放软件的"打开文件类型"中，都可以看到 *.cda 格式，这就是 CD 音轨了。标准 CD 格式也就是 44.1K 的采样频率，速率 1411K/s，16 位量化位数，因为 CD 音轨可以说是近似无损的，因此它的声音基本上是忠于原声的，因此如果你是一个音响发烧友的话，CD 将会是你的首选。它会让你感受到天籁之音。CD 光盘可以在 CD 唱机中播放，也能用电脑里的各种播放软件来重放。一个 CD 音频文件是一个 *.cda 文件，这只是一个索引信息，并不一定真正包含声音信息，所以不论 CD 音乐的长短，在电脑上看到的"*.cda 文件"都是 44 字节长。注意：不能直接地复制 CD 格式的 *.cda 文件到硬盘上播放，需要使用像 EAC 这样的抓音轨软件把 CD 格式的文件转换成 WAV 格式，这个转换过程如果光盘驱动器质量过关而且 EAC 的参数设置得当的话，可以说是基本上无损抓音频。推荐大家使用这种方法。

WAVE

WAVE（*.WAV）是微软公司开发的一种声音文件格式，它符合 PIFF Resource Interchange File Format 文件规范，用于保存 WINDOWS 平台的音频信息资源，被 WINDOWS 平台及其应用程序所支持。"*.WAV"格式支持 MSADPCM、CCITT A LAW 等多种压缩算法，支持多种音频位数、采样频率和声道，标准格式的 WAV 文件和 CD 格式一样，也是 44.1K 的采样频率，速率 1411K/s，16 位量化位数，WAVE 格式的声音文件质量和 CD 相差无几，也是目前 PC 机上广为流行的声音文件格式，几乎所有的音频编辑软件都"认识"WAVE 格式。

AIFF

AIFF（Audio Interchange File Format）格式和 AU 格式，它们都和 WAV 格式非常相像，在大多数的音频编辑软件中也都支持它们这几种常见的音乐格式。AIFF 是音频交换文件格式的英文缩写。是 APPLE 公司开发的一种音频文件格式，被 MACINTOSH 平台及其应用程序所支持，NETSCAPE 浏览器中 LIVEAUDIO 也支持 AIFF 格式。大家都不常见。AIFF 是 Apple 苹果电脑上面的标准音频格式，属于 QuickTime 技术的一部分。这一格式的特点就是格式本身与数据的意义无关，因此受到了 Microsoft 的青睐，并据此搞出来 WAV 格式。AIFF 虽然是一种很优秀的文件格式，但由于它是苹果电脑上的格式，因此在 PC 平台上并没有很好地推广。不过由于 Apple 电脑多用于多媒体制作出版行业，因此几乎所有的音频编辑软件和播放软件都或多或少地支持 AIFF 格式。只要苹果电脑还在，AIFF 就始终还占有一席之地。由于 AIFF 具有包容特性，所以它支持许多压缩技术。

MPEG

MPEG 是动态图像专家组的英文缩写。这个专家组始建于 1988 年，专门负责为 CD 建立视频和音频压缩标准。MPEG 音频文件指的是 MPEG 标准中的声音部分即 MPEG 音频层。目前 INTERNET 上的音乐格式以 MP3 最为常见。虽然它是一种有损压缩，但是它的最大优势是以极小的声音失真换来了较高的压缩比。MPEG 含有格式包括：MPEG-1、MPEG-2、MPEG-Layer3、MPEG-4。

MP3

MP3 格式诞生于八十年代的德国，所谓的 MP3 也就是指 MPEG 标准中的音频部分，也就是 MPEG 音频层。根据压缩质量和编码处理的不同分为三层，分别对应 *.mp1 ／ *.mp2／ *.mp3 这 3 种声音文件。需要提醒大家注意的地方是：MPEG 音频文件的压缩是一种有损压缩，MPEG3 音频编码具有 10:1 ～ 12:1 的高压缩率，同时基本保持低音频部分不失真，但是牺牲了声音文件中 12KHz 到 16KHz 高音频这部分的质量来换取文件的尺寸，相同长度的音乐文件，用 *.mp3 格式来储存，一般只有 *.wav 文件的1/10，因而音质要次于 CD 格式或 WAV 格式的声音文件。由于其文件尺寸小且音质好，所以在它问世之初还没有什么别的音频格式可以与之匹敌，因而这为 *.mp3 格式的发展提供了良好的条件。直到现在，这种格式还是很流行，作为主流音频格式的地位难以被撼动。但是树大招风，MP3 音乐的版权问题也一直找不到办法解决，因为 MP3 没有版权保护技术，也就是谁都可以用。

MP3 格式压缩音乐的采样频率有很多种，可以用 64Kbps 或更低的采样频率节省空间，也可以用 320Kbps 的标准达到极高的音质。用装有 Fraunhofer IIS Mpeg Lyaer3 的 MP3 编码器（现在效果最好的编码器）Music Match Jukebox 6.0 在 128Kbps 的频率下编码一首 3 分钟的歌曲，得到 2.82MB 的 MP3 文件。采用缺省的 CBR（固定采样频率）技术可以以固定的频率采样一首歌曲，而 VBR（可变采样频率）则可以在音乐"忙"的时候加大采样的频率获取更高的音质，不过产生的 MP3 文件可能在某些播放器上无法播放。把 VBR 的级别设定成为与前面的 CBR 文件的音质基本一样，生成的 VBR MP3 文件为 2.9MB。

MP3 是到 2008 年止使用用户最多的有损压缩数字音频格式。它的全称是 MPEG（MPEG：Moving Picture Experts Group）AudioLayer-3，刚出现时它的编码技术并不完善，它更像一个编码标准框架，留待人们去完善。早期的 MP3 编码采用的的是固定编码率的方式（CBR），看到的 128Kbps，代表它是以 128Kbps 固定数据速率编码 —— 你可以提高这个编码率，最高可以到 320Kbps，音质会更好，自然，文件的体积会相应增大。

因为 MP3 的编码方式是开放的，可以在这个标准框架的基础上自己选择不同的声学原理进行压缩处理，所以，很快由 Xing 公司推出可变编码率的压缩方式（VBR）。它的原理就是利用将一首歌的复杂部分用高 bitrate 编码，简单部分用低 bitrate 编码，通过这种方式，进一步取得质量和体积的统一。当然，早期的 Xing 编码器的 VBR 算法很差，音质与 CBR（固定码率）相去甚远。但是，这种算法指明了一种方向，其他开发者纷纷推出自己的 VBR 算法，使得其效果一直在改进。目前公认比较好的首推 LAME，它完美地实现了 VBR 算法，而且它是完全免费的软件，并且由爱好者组成的开发团队一直在不断地发展完善。

而在 VBR 的基础上，LAME 更加发展出 ABR 算法。ABR（Average Bitrate）平均比特率，是 VBR 的一种插值参数。LAME 针对 CBR 不佳的文件体积比和 VBR 生成文件大小不定的特点独创了这种编码模式。ABR 在指定的文件大小内，以每 50 帧（30 帧约 1 秒）为一段，低频和不敏感频率使用相对低的流量，高频和大动态表现时使用高流量，可以作为 VBR 和 CBR 的一种折中选择。

MP3 问世不久，就凭这较高的压缩比 12:1 和较好的音质创造了一个全新的音乐领域，然而 MP3 的开放性却最终不可避免地导致版权之争，在这样的背景之下，文件更小，音质更佳，同时还能有效保护版权的 MP4 就应运而生了。MP3 和 MP4 之间其实并没有必然的联系，首先 MP3 是一种音频压缩的国际技术标准，而 MP4 却是一个商标的名称。

MPEG-4

MPEG-4 标准是由国际运动图像专家组于 2000 年 10 月公布的一种面向多媒体应用的视频压缩标准。它采用了基于对象的压缩编码技术，在编码前首先对视频序列进行分析，从原始图像中分割出各个视频对象，然后再分别对每个视频对象的形状信息、运动信息、纹理信息单独编码，并通过比 MPEG-2 更优的运动预测和运动补偿来去除连续帧之间的时间冗余。其核心是基于内容的尺度可变性 (Content-based scalability)，可以对图像中各个对象分配优先级，对比较重要的对象用高的空间和时间分辨率表示，对不甚重要的对象（如监控系统的背景）用以较低的分辨率表示，甚至不显示。因此它具有自适应调配资源能力，可以实现高质量低速率的图像通信和视频传输。 MPEG-4 以其高质量、低传输速率等优点已经被广泛应用到网络多媒体、视频会议和多媒体监控等图像传输系统中。中国大部分成熟的 MPEG-4 应用均为基于 PC 层面的客户端和服务器模式，应用在嵌入式系统上的并不多，且多数嵌入式 MPEG-4 解码系统使用商业的嵌入式操作系统，如 WindowsCE、VxWorks 等，成本高、灵活性差。如以嵌入式 Linux 作为操作系统不仅开发方便，且可以节约成本，并可以根据实际情况进行裁减，占用资源少、灵活性强、网络性能好、适用范围更广。

MIDI

MIDI（Musical Instrument Digital Interface）格式被经常玩音乐的人使用，MIDI 允许数字合成器和其他设

备交换数据。MID 文件格式由 MIDI 继承而来。MID 文件并不是一段录制好的声音，而是记录声音的信息，然后再告诉声卡如何再现音乐的一组指令。这样一个 MIDI 文件每存 1 分钟的音乐只用 5 ～ 10KB。MID 文件主要用于原始乐器作品、流行歌曲的业余表演、游戏音轨以及电子贺卡等中。*.mid 文件重放的效果完全依赖声卡的档次。*.mid 格式的最主要用在电脑作曲领域。*.mid 文件可以用作曲软件写出，也可以通过声卡的 MIDI 口把外接音序器演奏的乐曲输入电脑里，制成 *.mid 文件。

WMA

WMA（Windows Media Audio）格式是来自于微软的重量级选手，后台强硬，音质要强于 MP3 格式，更远胜于 RA 格式，它和日本 YAMAHA 公司开发的 VQF 格式一样，是以减少数据流量但保持音质的方法来达到比 MP3 压缩率更高的目的，WMA 的压缩率一般都可以达到 1:18 左右，WMA 的另一个优点是内容提供商可以通过 DRM（Digital Rights Management）方案如 Windows Media Rights Manager 7 加入防拷贝保护。这种内置的版权保护技术可以限制播放时间和播放次数甚至于播放的机器等，这对被盗版搅得焦头烂额的音乐公司来说是一个福音，另外 WMA 还支持音频流（Stream）技术，适合在网络上在线播放，作为微软抢占网络音乐的开路先锋可以说是技术领先、风头强劲，更方便的是不用像 MP3 那样需要安装额外的播放器，而 Windows 操作系统和 Windows Media Player 的无缝捆绑让你只要安装

了 windows 操作系统就可以直接播放 WMA 音乐，新版本的
Windows Media Player7.0 更是增加了直接把 CD 光盘转换
为 WMA 声音格式的功能，在新出品的操作系统 Windows XP 中，
WMA 是默认的编码格式，大家知道 Netscape 的遭遇，现在"狼"
又来了。WMA 这种格式在录制时可以对音质进行调节。同一
格式，音质好的可与 CD 媲美，压缩率较高的可用于网络广播。
虽然现在网络上还不是很流行，但是在微软的大规模推广下
已经得到了越来越多站点的承认和大力支持，在网络音乐领
域中直逼 *.mp3，在网络广播方面，也正在瓜分 Real 打下
的天下。因此，几乎所有的音频格式都感受到了 WMA 格式的
压力。微软官方宣布的资料中称 WMA 格式的可保护性极强，
甚至可以限定播放机器、播放时间及播放次数，具有相当的
版权保护能力。应该说，WMA 的推出，就是针对 MP3 没有版
权限制的缺点而来 —— 普通用户可能很欢迎这种格式，但
作为版权拥有者的唱片公司来说，它们更喜欢难以复制拷贝
的音乐压缩技术，而微软的 WMA 则照顾到了这些唱片公司的
需求。

除了版权保护外，WMA 还在压缩比上进行了优化，它的
目标是在相同音质条件下文件体积可以变得更小。

Real Audio

Real Audio 主要适用于网络上的在线音乐欣赏。Real
的文件格式主要有这么几种：有 RA（Real Audio）、RM（Real
Media, Real Audio G2）、RMX（Real Audio Secured），
还有更多。这些格式的特点是可以随网络带宽的不同而改变

声音的质量，在保证大多数人听到流畅声音的前提下，令带宽较富裕的听众获得较好的音质。

2. 比较

作为数字音乐文件的格式，WAV 格式容量过大，因而使用起来很不方便。因此，一般情况下我们把它压缩为 MP3 或 WMA 格式。压缩方法有无损压缩，有损压缩，以及混成压缩。MPEG 就属于混成压缩，如果把压缩的数据还原回去，数据其实是不一样的。当然，人耳是无法分辨的。因此，如果把 MP3 格式从压缩的状态还原回去的话，就会产生损失。然而，APE 格式即使还原，也能毫无损失地保留原有音质。所以，APE 可以无损失高音质地压缩和还原。在完全保持音质的前提下，APE 的压缩容量有了适当的减小。拿一个最为常见的 38MB 的 WAV 文件为例，压缩为 APE 格式后为 25MB 左右，比开始足足少了 13MB。而且在 MP3 容量越来越大的今天，25M 的歌曲已经算不上什么庞然大物了。以 1GB 的 mp3 来说可以放入 4 张 CD，那就是 40 多首歌曲，已经足够了。

3. 发展

音频格式日新月异，到 2018 年音频格式包括：CD 格式、WAVE（*.WAV）、AIFF、AU、MP3、MIDI、WMA、RealAudio、VQF、OggVorbis、AAC、APE。

二、教案的编写

在设计编写微课教案前，要充分考虑好微课设计思路，后续的工作将按照该思路进行。什么是微课设计思路呢？简单地说，微课设计思路就是针对这一集微课，如何围绕教学目标选择教学内容，采取哪种具体教学方法能够使学习者学得最好。教师采取何种语言方式进行讲解，以哪种屏幕呈现方式展现微课内容能够使学习者学得更好、更有吸引力。微课设计思路应与微课教学主线有机融合为一体，微课设计的后续工作就按照这个思路去做。而不是做到哪里，做完了再回过头去看看，有问题再反复修改。

一些教材、教师授课过程中选择的导入案例、应用案例和创新案例等，只注重案例与知识点与技能点之间的关联度，而忽视了作为案例本身应该具有的可信度、职业属性和吸引力等重要的要素，导致案例教学应用的预期效果并不理想，甚至会引起学习者的误解、反感。

案例选择应遵循如下五项原则：

1. 引起学习者兴趣原则

引起学习者浓厚的学习兴趣能够促使学习者认真观看、学习提高学习效果。通识课程的微课中，易选择学习者日常生活、学习活动、时事新闻等方面的案例，使学习者对此案例有感性认识或亲临体验，这样的案例能够对学习者产生最大的亲和力和吸引力。

2. 行业企业应用原则

选择与专业相关的行业、企业实际应用的案例作为微课教学案例。促进学习者对未来专业知识应用有深度了解，使其知道所学知识具有很高的实用价值，以此来提高学习者对学习内容的兴趣和学习效果。

3. 高新技术应用原则

选择与学习者密切关联的高新技术应用产品作为微课案例，使学习者对高新技术中的很多疑问得到答案。例如，现在几乎所有的学习者都使用 3G、4G 甚至 5G 手机，很多学习者都使用笔记本电脑或掌上电脑，小轿车开始批量进入家庭，互联网通信网上购物与开网店，等等。在这些方面选择适当的技术点作为案例，能够引起多数学习者学习兴趣。

4. 真实性、职业性原则

真实性原则适合于各种教育类型的微课，选择的案例来源于社会实践。一般不宜原封不动地引入，对于不适合教育教学的情节应进行删减、补充和调整，既要忠于事实又要满足教育教学的"正能量"属性。部分涉及个人隐私的地方要妥善处理，不失真实性。职业性原则是对职业教育的微课案例而言的，在案例中要充分体现出职业教育的职业属性，如职业道德、职业素质、职业规范等要得到体现。

5. 单一与多案例原则

一集微课中该选择几个案例进行教学应用呢？这要看选择的案例复杂程度及教学焦点数量。

一般情况下，如果一个较为复杂的案例能够应用到微课中所有的教学焦点，则可以将该案例作为导入案例先提出来，以引出相关知识点和技能点。

三、微课制作软件

按照微课制作方式可以分为实景拍摄式、动画式、屏幕录制式和移动 APP 式四种。

（一）实景拍摄式：手机拍摄微课

工具介绍：能录像的手机、固定手机的支架、白纸、不同颜色的笔。

推荐理由：设备容易获得、操作简单、容易上手。

（二）动画式

（1）优芽互动电影

工具介绍：在线动画制作平台"优芽互动电影"只需简单的拖、拉、拽即可快速制作情境动画。

推荐理由：优芽互动电影拥有写实、卡通等多样风格的虚拟场景，声情并茂展示丰富人物活动，用故事呈现知识内容。同时可以嵌入趣味游戏试题，丰富教学内容，提高学生的参与度和积极性。

（2）皮影客

工具介绍：这是一款制作动画的软件，使用者只需要将所需的素材拖动到舞台，设置动画效果就可以了。

　　推荐理由：皮影客它将动画制作的过程模块化，分为场景、分镜、人物、动作、对话等不同的模块，用户只需要通过简单的操作将这些模块组合，就可以制作一个动画。这使得教师制作微课变得更加容易。同时，学生也可以通过皮影客的动画制作去呈现他们对于世界的想象力，去表达他们对于世界的认知。

　　（3）VideoScribe

　　工具介绍：VideoScribe 是一款手绘动画视频软件。

　　推荐理由：VideoScribe 是手绘动画的一种，影片中的真实的笔或手，会吸引读者的目光，可以用来帮助突出重难点知识。其次，美观专业的动画效果会为微课的内容增加形式效果，促进学习者观看和学习。

（三）屏幕录制式

（1）CamtasiaStudio+PPT

工具介绍：CamtasiaStudio（简称CS）是最专业的屏幕录像和编辑的软件套装。使用者可以方便地进行屏幕操作的录制和配音、视频的剪辑和过场动画、添加说明字幕和水印、制作视频封面和菜单、视频压缩和播放。

推荐理由：CS录课，操作方便，使用快捷，不仅可以录制教师的授课头像，制作二分频效果，还能加上丰富实用的批注、字幕，实现放大效果等。利用CS，可以让微课更加完善，让学生学习更轻松。

（2）Focusky

工具介绍：Focusky，一款易学易用的微课制作软件、课件制作软件、幻灯片演示文稿制作软件。

推荐理由：Focusky 采用整体到局部的的演示方式，以路线的呈现方式，模仿视频的转场特效，加入生动的 3D 镜头缩放、旋转和平移特效，像一部 3D 动画电影，给听众视觉带来强烈冲击力。

（3）Storyline

工具介绍：Storyline 是全球先进的课件制作工具，它具有丰富的图像资源、强大的交互功能、直观的操作界面，能够帮助您建立生动有趣的学习内容、多样交互的操作活动、快速便捷的制作方法。

推荐理由：它能够帮助你建立动态的、引人入胜的内容——其中包含模拟、屏幕录制、拖放式交互、单击显示活动，以及测试和评估等。让我们的学生不仅能通过观看微课进行学习，而且能够通过交互来提高学习的积极性和学习的效果。

（四）移动 APP 式

（1）ExplainEverything

工具介绍：ExplainEverything，是一款在 IOS 平台中利用 Ipad 制作微视频的 APP。

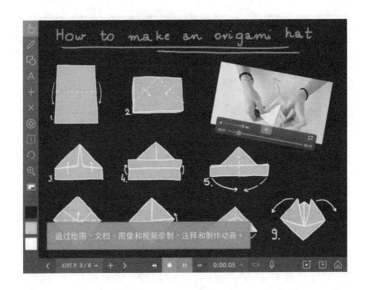

推荐理由：它不仅能够实现录制视频和制作动画，还可以编辑视音频，添加或者修改视音频片段，并且具备在直角坐标系中插入高级数学方程式和图标功能。同时，能发布成多种格式，发送给学生学习，形成你的个性化微课。

（2）UTGreat

工具介绍：一款集沟通和反馈等通讯功能和微课制作功能为一体的微课工具—UTGreat，其名称也被称为"老师帮帮忙"。

推荐理由：可以将UTGreat看作是互动白板，可制作旁白式的白板视频，同时可以在在白板视频上做标注，可添加语音、图片及文字；还可以接收即时消息，支持文字、图片、白板视频及最多6人的多人视频通话，其中多人视频通话包含互动白板。

第六章　微课制作的形式及技术要求

一、微课制作的形式

在广泛探索课改的今天，作为一种新型的教学资源，微课已经越来越被更多的老师所熟悉与了解，有些地方甚至要求每个老师都能制作微课。日常用得最多的微课制作形式有：

（一）便携视频工具简单拍摄（手机、相机＋白纸）

（1）工具与软件：可进行视频摄像的手机、一些白纸、几只不同颜色的笔、相关主题的教案。

（2）方法：使用便携摄像工具（手机、相机、DV 等）对纸笔结合演算、书写的教学过程进行录。

（3）过程简述：

①针对微课主题，进行详细的教学设计，形成教案。

②用笔在白纸上展现出教学过程，可以以画图、书写、标记等形式，在他人的帮助下，用手机将教学过程拍摄下来。尽量保证语音清晰、画面稳定、演算过程逻辑性强，解答或教授过程明了易懂。

③后期需要进行必要的编辑和美化。

优势：工具随手可得。

不足：录制效果粗糙，声音和画面效果较差，只能表现手写的内容，无法实现其他多种效果。

(二)利用录屏软件录制微课(Camtasia Studio、录屏专家)

（1）工具与软件：电脑、耳麦（附带话筒）、视频录像软件 Camtasia Studio 等录屏软件，ppt 软件。

（2）方法：对 ppt 演示进行屏幕录制，辅以录音。

（3）过程简述：

①针对所选定的教学主题，搜集教学材料和媒体素材，制作 PPT 课件。

②在电脑屏幕上同时打开视频录像软件 Camtasia Studio 等录屏软件、教学 PPT，执教者带好耳麦，调整好话筒的位置和音量，并调整好 PPT 界面和录屏界面的位置后，单击"录制"按钮，开始录制，执教者一边演示一边讲解，可以配合标记工具或其他多媒体软件或素材，尽量使教学过程生动有趣。

③对录制完成后的教学视频进行必要的处理和美化。

优势：录制微课较快捷方便，在个人 PC 上即可实现。

不足：Camtasia Studio 软件的应用较复杂，学习成本比较高，不支持直接手写，要实现手写功能还需安装和启动手写设备的配套软件，对教学应用缺乏一定针对性。

(三) 专业微课制作工具 (汗微 - 微课宝)

（1）工具与软件：电脑、耳麦、汗微 - 微课宝。

（2）方法：通过汗微 - 微课宝微课制作工具对教学过程进行讲解演示，并同步录制。可以实现片段式的录制。

（3）过程简述：（支持多种场景制作方式）

Ø 场景一：录制 PPT

①针对微课主题，进行详细的教学设计，形成教案 PPT。

②打开 PPT，进入 PPT 幻灯片模式，直接利用汗微－微课

宝 PPT 插件即可对 PPT 进行标注书写，执教者带上耳麦同步对 PPT 进行演示讲解。

③通过汗微－微课宝录屏功能同步录制教学过程。

④通过汗微－微课宝视频编辑功能对录制的视频进行后期编辑美化（可进行后期配音、切分、合并、封面封底制作、扩音等）。

Ø 场景二：录制白板（可汗模式）

①进入汗微－微课宝白板工具（可以自定义设置白板的背景颜色）。在白板上对教学过程进行板书演示讲解。

②通过汗微－微课宝功能同步录制教学过程。

③通过汗微－微课宝视频编辑功能对录制的视频进行后期编辑美化（可进行后期配音、切分、合并、封面封底制作、扩音等）。

Ø 场景三：录制高拍仪（录制真实试卷）

① 将高拍仪连接到电脑上，将试卷放置在高拍仪下方。

②打开汗微－微课宝微课制作工具高拍仪功能，将试卷图像导入电脑屏幕。对电脑屏幕上的试卷进行讲解演示，可

同步在屏幕上标注板书。

③通过汗微－微课宝功能同步录制教学过程。

④通过汗微－微课宝视频编辑功能对录制的视频进行后期编辑美化（可进行后期配音、切分、合并、封面封底制作、扩音等）。

Ø 场景四：录制实物展台（外接高拍仪或专业录像设备）

①将录像设备连接到电脑上，将设备摄像头对准展台区域。

②通过汗微－微课宝高拍仪中的录像功能对实物展台进行同步录制。

③通过汗微－微课宝视频编辑功能对录制的视频进行后期编辑美化（可进行后期配音、切分、合并、封面封底制作、扩音等）。

优势：汗微－微课宝是集屏幕录制、电子白板、手写板、PPT 插件、视频编辑、绘画板于一体的专业微课制作工具。提供微课制作一体化解决方案。无空间局限性，可以在任何地点实现微课制作。使用风格符合用户习惯，操作简单易上手。

不足：可展现微课制作者头像，但是不能像录播教室一样展现完整人像。

（四）专业录播教室录制微课

（1）工具与软件：多机位摄像机、黑板（电子白板）、粉笔、其他教学演示工具。

（2）方法：对教学过程同步摄像。

（3）过程简述：

①针对微课主题，进行详细的教学设计，形成教案。

②利用黑板展开教学过程,利用便携式录像机将整个过程拍摄下来。

③对视频进行简单的后期制作,可以进行必要的编辑和美化。

优势:可以录制教师画面,教师按照日常习惯讲课,无须改变习惯,黑板上的内容与教师画面同步。

不足:需要专门的演播环境,设备和环境造价高,需要多人合力才能完成微课视频的拍摄,效率低,后期编辑需要专业人士配合。

二、技术要求

(一)视频形态

微课主体内容是视频,视频格式采用支持 PC、智能 TV、移动终端等主流设备播放的媒体格式,并适应学习者的使用方式与习惯。分为摄像拍摄(包括数码录制和录播室录制)、屏幕录制(采用录屏软件制作)、多媒体软件输出(采用各类流行的多媒体软件制作)、混合制作(采用多种录制方式混合制作)等类型。

(二)技术要求

1.摄像拍摄

①压缩:H.264 以上的格式编码,视频格式为 MP4、WMV、fLV 等。

②码流率：动态码流最高码率不高于 2000Kbps，最低码率不得低于 1024Kbps。

③分辨率：一般设定为 720*576、1280*720、1920*1080。

④帧率：采用逐行扫描，25 帧／秒。

⑤效果：构图合理、机位准确、图像稳定、对焦清晰、音像同步。

2. 屏幕录制

① 分辨率：采用 1024*768、1280*720 或 1920*1080。

② 录制 PPT 时，将 PPT 调整为适合比例（1024*768 录制时，用 4：3；1280*720 或 1920*1080 录制时，用 16：9）。

③输出：转成 WMV 或 MP4 等格式。

3. 多媒体软件输出

① 输出：MP4 或 FLV 等格式，每个多媒体软件使用单个文件输出。

② 分辨率：采用 800*600、1024*768、1280*720、1920*1080 等。

③ 效果：动画清晰流畅，构图合理、图像稳定、音像同步。

4. 混合制作

① 视频、屏幕录制或软件制作均采用相同的分辨率制作，宽高比一致，合成后不变形。

② 制作可参照摄像拍摄、屏幕录制作、多媒体软件输出等技术要求。

③ 在跨平台时使用，制作输出格式应以使用平台视频格式为主。

（三）后期制作

1. 声音采用双声道，要求清晰、圆润、无杂音，音量适中饱满、解说与图像、背景音乐同步。

2. 如用视频混合制作，采用与视频一致的分辨率，保证合成效果良好流畅。

3. 微课片头与片尾均不能占用学习时间。

4. 字幕要求：

① 无错别字或语句错误。

② 字幕在形式、陈述时与内容一致。

③ 字体大小适中，颜色与画面协调同步。

④ 字幕出现的时间要足够让学习者阅读。

⑤ 字幕应完整传达视频素材的内容和意图。

第七章 微课的开发技术

一、使用 PowerPoint 制作微课

PPT，大多数老师都是非常熟悉的。老师们备课、上课，经常需要使用 PPT 帮助讲解知识。现在讲解一下如何用 PPT2013 来制作微课。

1. 制作 PPT

首先，根据微课录制的要求，制作一个 PPT 讲稿。PPT 的功能相信大多数老师都非常熟悉。当然，PPT 设计和制作的水平，会直接影响到微课的最终效果。

2. 录制旁白

PPT 制作完成后，接下来就需要录制老师的讲解配音了。

在确认电脑的耳机、麦克风能正常工作的前提下，我们只需点击 PowerPoint 软件中的"幻灯片放映"菜单中的"录制幻灯片演示"按钮即可（如下图）。

此时，PowerPoint 会弹出如下对话框，此时直接点击"开始录制"按钮即可。

接着，该 PPT 就会进入播放状态，并且在屏幕左上角出现计时窗口（如下图所示）。此时，我们只需像上课一样，边点击鼠标边对着电脑讲解，声音即可被录制下来，并且与 PPT 的页面切换、动画保持同步。

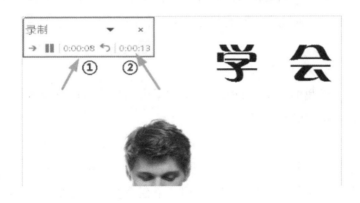

在上图红色方框中的"录制"控制区中，数字①表示当前这张幻灯片已经录制的时长，数字②则表示这个 PPT 文件总共已经录制的时长。

需要注意的是：在 PPT 页面切换过程中，是不录制任何声音的。因此不要边切换页面边讲解，并且在页面刚刚切换完成后，也要等半秒钟左右再开始讲解，否则可能会出现话音不全的情况。

那么，如何退出录制状态呢？有很多老师会点击上图中红色方框中的暂停键。这是不正确的。暂停键的用法是：如果在录制过程中，您需要临时处理一些事情（如咳嗽），可以点击暂停键；此时再点击暂停键左侧的键即可接着录制。

其实，退出 PPT 录制状态和上课时退出 PPT 播放状态是完全一样的，直接按键盘左上角的【ESC】键即可。退出录制后，我们会发现所有录制了旁白的 PPT 页面的左下角都会有一个小喇叭符号。

此时，如果我们正常播放这个 PPT 的话，PPT 就会按照与我们录制时完全相同的节奏，同时播放页面内容与语音旁白。

3. 另存为视频

当我们为所有 PPT 页面录制了旁白后，最后一步就是要把它保存成为视频。

自 PPT2010 开始，PowerPoint 软件就提供了将 PPT 文件保存为视频的选项。方法是：依次点击"文件""另存为"菜单项，选择文件保存的目录，然后会弹出保存窗口，选择保存类型的视频格式即可。

4.PowerPoint 扩展的功能与方法

（1）分页录制或重录旁白

有时，我们需要先录几个 PPT 页面，下次再录制几个 PPT 页面；还有时，我们需要重新录制某一页的旁白。此时，我们只需先选中需要录制或修改的 PPT 页面，然后点击"录制幻灯片演示"按钮旁边的下拉箭头，并选择"从当前幻灯片开始录制"选项即可（如下图）。

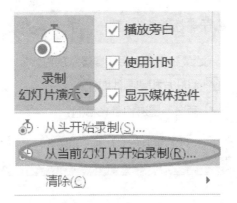

此时，就会从我们选中的那张幻灯片开始播放和录制。

值得注意的是：如果我们只想修改其中某一页的旁白，那么，当这页重新录完音后，需要马上按下【ESC】键退出，不要翻到下一页面，否则可能会把下一页的旁白冲掉。

（2）录制 PPT 播放时的鼠标

有些时候，我们需要在 PPT 播放时用鼠标对 PPT 页面中的内容进行指示。但是，在录制幻灯片演示时，这些鼠标的动作是不会被记录下来的。

此时，可以用"激光笔"代替。从 PowerPoint2010 版本开始，我们只要按住【Ctrl】＋鼠标左键不放，即可在 PPT 播放状态中显示出激光笔来。而"激光笔"是能够被记录下来的。

还有一些老师，会在 PPT 中用"笔"工具写写画画（按【Ctrl+P】即可）。不过，这些"墨迹"在 PPT2010、2013 中，都无法被录制下来，直到 2016 版本才可以做到。

现在，让我们重新回顾一下"录制幻灯片演示"后弹出的对话框（如下图），您就可以发现第二个复选框后显示的"旁白、墨迹和激光笔"是什么意思了吧。

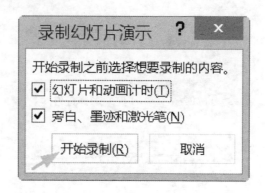

（3）PPT 中增加背景音乐

在观摩一些优秀微课时，我们经常会发现：微课中使用了一些背景音乐来营造氛围，情境感更强。那么，纯 PPT 录制法能为微课配上背景音乐吗？

答案是肯定的。而且步骤也很简单，只需进行两步操作：

第一步，通过"插入 -> 音频"菜单，将背景音乐插入到相应的 PPT 页面中，如下图所示：

请注意：上图中靠右侧的小喇叭就是刚刚插入的背景音乐，而靠左一点的则是我们前面录制的旁白音频。

第二步，选中背景音乐小喇叭，然后点击"播放"菜单，选择"在后台播放"即可（PPT2013或以上）。若为PPT2010，则可参考下图中左侧方框中的复选框进行设置。

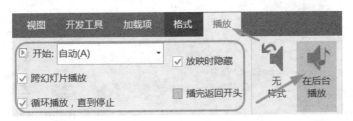

需要说明的是：

①背景音乐需要在录制完旁白后，再插入PPT。否则，可能会对旁白形成干扰。

②上述方法可以非常容易地把背景音乐设置为贯穿始终播放。如果需要对背景音乐做更加精细化的控制，则需要通过"动画窗格"功能，对音频播放的动画效果进行精细化的设置（在第N张幻灯片后停止播放），在此不做赘述。

（4）PPT中的音视频媒体录制

在有些PPT中，还会带有一些音频或视频媒体（如单词发音、音效或视频素材）。此时，并不建议大家采用纯PPT录制的形式，而应该采用录屏软件来进行处理。

如果您采用的是Win8+PPT2013，并且插入的视频格式是wmv或mp4、音频格式是wav或mp3的话，也不妨一试。不过，需要遵循如下方法：

选中音频或视频媒体，点击"动画"按钮，然后点击"播放"，如下图所示：

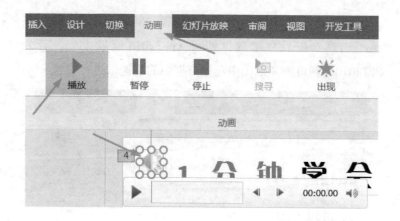

然后，打开"动画窗格"，并在其中对该媒体的动画进行常规设置即可：

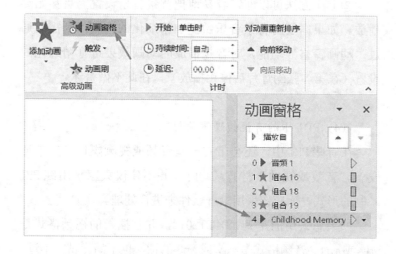

可以看到，在上述"动画窗格"的设置中，我们刚才所设置的音频媒体文件，将会在第4次鼠标点击时开始播放（而不是手工点击音频文件来播放）。

这样的音视频媒体的动画设置方式可以被 PPT 所录制下来，并保存到生成的视频文件中。

不过，由于视频的极端复杂性，此种方法并不能保证绝对成功。如不成功，可用"录屏软件"操作。

二、 用好 PowerPoint 插件助力微课

1.Nordri Tools

Nordri Tools 是一款基于 PPT 的插件工具。相信经常做 PPT 的朋友都会遇到很多令人尴尬的设计问题，对 PPT 软件的错误理解和操作习惯，导致大量重复劳动。Nordri Tools 能让我们的工作一键化，方便快捷，减少重复。

软件适用于 Windows 7/8/8.1/10 系统和 PowerPoint2007/2010/2013/2016 版本，推荐使用 2010 版本以上的。

软件下载后，直接运行安装即可。当然，Nordri Tools 是依赖于 PowerPoint 的一个插件工具，所以装好后，打开 PowerPoint 才能看到它。安装好之后，它是这个样子：

（1）一键统一

当你因一份字体类型满天飞、行间距不统一的 PPT 而选择默默加班时，我想【一键统一】功能一定会是你的大救星。

只需轻轻一按，即可帮你统一所有幻灯片的字体、段落。

PPT 如果不是同一个人做，经常会出现字体不统一、段落空格紊乱、行间距不统一的现象，这些往往会拉低整份 PPT 的格调—— 一页页 PPT 修改真麻烦。有了这个神器，字体、段落一键修改，十分钟的事情一分钟完成！

（2）增删水印

这个功能与一键统一相类似，首先选中一个（形状、文本框、图片）作为水印，放到合适的位置，然后点击增删水印功能按钮，再点击"使用所选形状"点击应用即可。

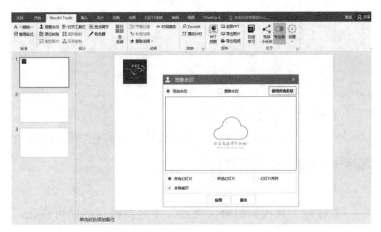

①定左上角的图片

②使用选用的形状

③应用于每一页的幻灯片

备注：当然不只是增添水印可以用，平时你想给每页 PPT 都增加某些东西，都可以使用。

（3）对齐工具栏

【对齐工具栏】的最大亮点，还是将操作界面可视化，在增加 Powerpoint 常用功能的基础上，增加了"等宽""等高"和"等大小"的设置，让 PPT 小白更容易上手。

而且，更赞的是 Nordri Tools 的工具栏和窗口是悬浮式的，可以让操作者自由地在 PPT 和工具栏之间点击。

这个功能也深得我心！用过 CS5 以上的小伙伴们，肯定都知道 Photoshop 里有个智能对齐的功能非常方便，Nordri Tools 也可以让 PPT 图文自动对齐。虽然说有智能的网格线已经很棒了，但是图文一键对齐是不是又让 PPT 排版省去了很多时间。

(4) 取色器

Nordri Tools 的取色器简直
就是神器。区别于 Powerpoint 自
带的取色器，Nordri Tools 的取
色器采用悬浮式的窗口，最重要的
是，它可以截取除 Powerpoint 外
的其他颜色。

即便你最小化 PPT，也可以截
取桌面任何你想要的颜色。

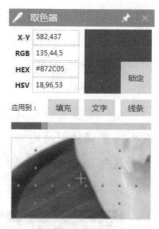

PPT 取色器

(5) 色彩

说到颜色，可能很多人会头疼 powerpoint 的配色该怎么
处理，如果对 MS PPT 自带的配色不满意的话，Nordri Tools
里面有一个色彩库（感觉 Nordri Tools 现有的色彩库也不够
丰富），同样可以应用到所有幻灯片中。对此，Nordri Tools
给了很好的答案，直接用【色彩库】选取颜色。

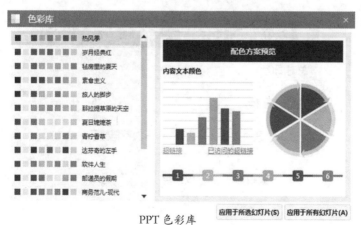

PPT 色彩库

还能很方便地对视窗里面的图片取色——没错，是视窗而不是 PPT 上面的图片文字，只要是能呈现在你桌面上的东西都能被它取色分析。

（6）放映设置

Nordri Tools 的【放映设置】还是比较人性化的，由 Zoomlt 和播放记时构成。

其中 Zoomlt 和播放记时都是一些比较常用的功能设置，基本能满足初学者的需求。

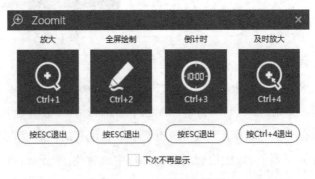

Zoomlt 界面

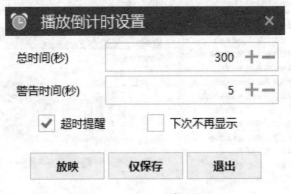

倒计时界面

（7）发布

【PPT 拼图】可以将 PPT 拼成一整张大图。

【全图 PPT】可以直接将 PPT 另存成一份每页都是页面截图的，这样不仅可以防止 PPT 显示效果的改变，也可以防止他人随意篡改。

【导出图片和视频】亮点是在 2013 版 PPT 的基础上，对导出的图片和视频的格式、大小等进行更加详细的设置。

2.PPT 美化大师

（1）安装

在百度上搜索"PPT 美化大师"，并下载安装这个软件。（这个软件很小，前提是你已经安装好了某个版本的 PPT）

PPT 美化大师安装完成后，运行 PPT 程序，就会发现 PPT 美化大师已集成到 PPT 界面中，如图所示，一是菜单栏中多出一个"美化大师"选项，二是界面的右侧多出一列工作图标。

美化大师在美化 PPT 方面，都有直观、简洁的特点，使用者只需要通过简单的操作即可制作出精美的 PPT。一般情况下，我们为方便使用，可以利用右侧的快捷工具栏进行操作。

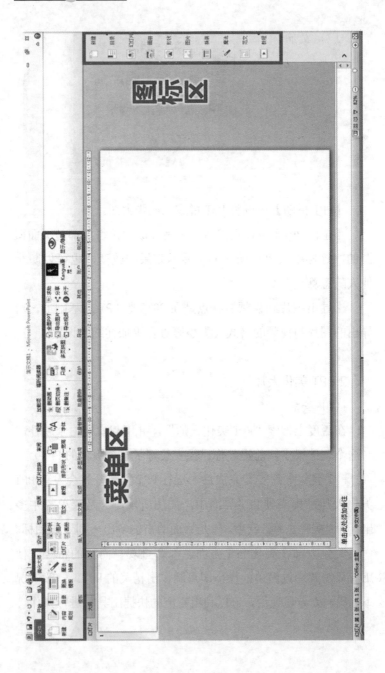

（2）软件使用要点

①新建

点击"新建"选项，此时将打开"PPT 模板"选择界面，选择其中一款页面，并选择 PPT 画面比例，点击下方的"新建空白项"按钮，即可按选择的模板新建一个 PPT 文档。

②幻灯片

点击"幻灯片"选项，此时将打开"幻灯片库"选择界面，根据需要选择类型、项目数量、项目关系、颜色等，点击"插入"按钮，即可应用到 PPT 文档中。然后根据自己制作的内容，更改其中文字即可。

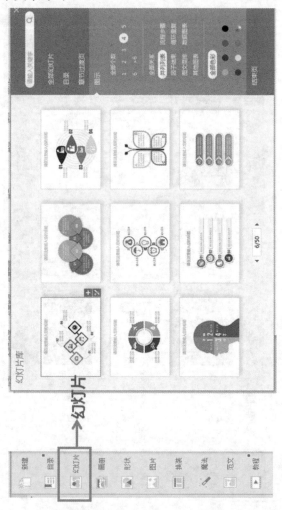

③画册

点击"画册"选项，此时将打开"画册"模板界面。根据需要选择类型，点击"插入"按钮，即可生成一个 PPT 画册文档。该功能适合制作简单的 PPT 电子相册。

根据序号，选择好电脑本地图片后，点击"完成并插入PPT"，就自动生成一套精美的PPT画册。

④形状

点击"形状"选项，此时将打开"形状"素材界面。根据需要选择并点击，即可将图标插入到PPT文档中。插入后，可自由更换大小和颜色。

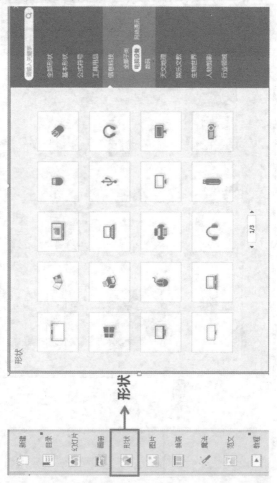

⑤换装

点击"换装"选项，此时将打开"PPT 模板"选择界面。点击相应的模板，可更换目前使用的模板，像给 PPT 换衣服，所以叫"换装"。

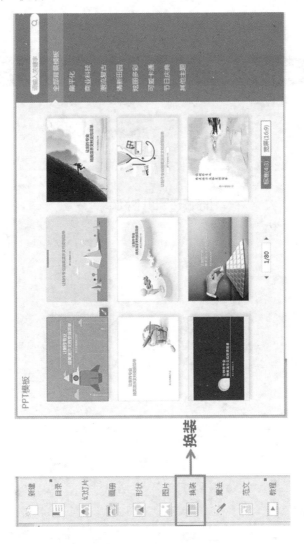

⑥魔法

点击"魔法"选项，此时 PPT 美化大师将自动配置模板。

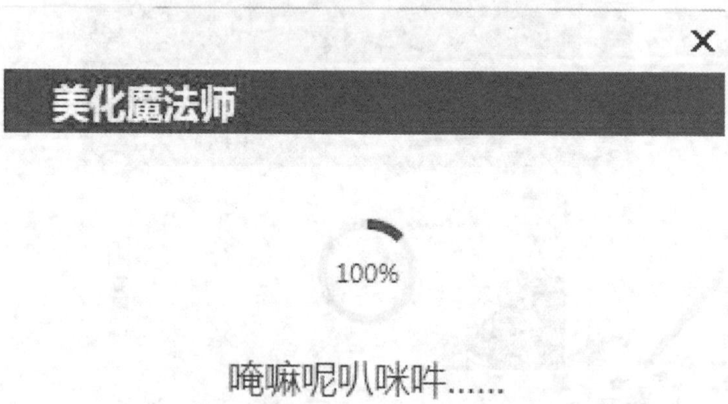

✕

美化魔法师

100%

唵嘛呢叭咪吽……

⑦范文

点击"范文"选项，此时将打开"范文"选择界面。点击相应的模板，可查看和下载相应的范文，提供几千套范文供使用者学习和借鉴。

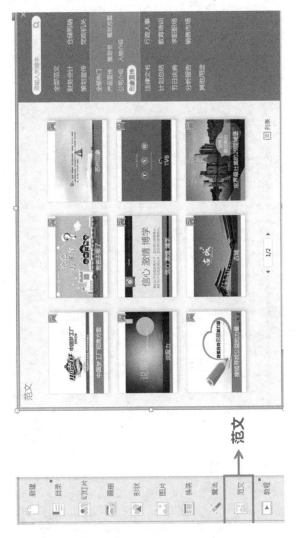

⑧教程

点击"教程"选项，可以观看视频教程，学习软件使用的操作技巧，包括 Excel、PowerPoint 和 Word 使用小技巧，非常实用。

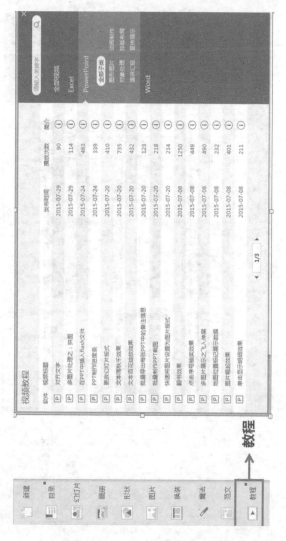

3.OneKeyTools

OneKeyTools 简称 "OK 插件" 或 "OK"，是一款免费开源的Microsoft Office PowerPoint第三方综合性设计插件。功能涵盖形状、图片、调色、表格、图表、音频、辅助等领域。

（1）一键转图

"OK" 插件的一键转图功能非常方便实用，如果我们要将一个做好的图表，不能嵌入 PPT 的字体、形状组合、处理过的图片转成一张图片，通常的操作是保存到电脑为图片再插入，过程较为烦琐，有了这个功能，可以在 PPT 里面原位直接转为图片，方便实用。

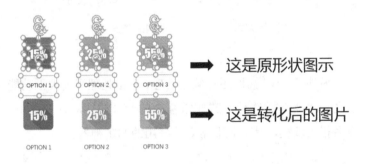

（2）强大的图片处理

"OK" 插件强大的图片处理功能好用到爆，提供了正片叠底、滤色、柔光、反相、图片色相、图片马赛克、图片分割、形状吸附到路径、形状取图片像素、多页统一、特殊选中等功能。

（3）强大的形状处理

"OK"插件提供了强大的形状处理功能，覆盖导入、去除、复制、文本等，例如可以导入 EMF（一种 PPT 支持的矢量图片文件格式，在 PPT 中可以通过取消组合来得到矢量形状）、一键拆分段落。

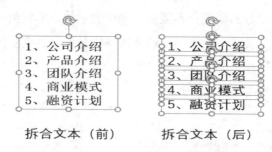

拆合文本（前）　　　拆合文本（后）

另外，"OK"插件还有颜色处理、三维处理等高大上功能，总之，"OK"插件是一款非常强大的 PPT 插件，官方也出了很多相关教程，是一款非常专业好用的 PPT 神器。

4.iSlide

经常使用 Adobe 全家桶的各位，一定知道插件在你工作中的重要地位，插件就是提升你效率的一个助力工具。iSlide 是针对 PowerPoint 制作的一款高效插件，三个词来形容它，简单、高效、快捷。iSlide 几乎覆盖了绝大多数用户的疑难使用场景，为用户高效处理 PPT 设计问题提供大量可选方案。 iSlide 提供了十多种快捷功能，而且处理速度十分理想，能大幅度减少 PPT 制作成本。

iSilde 功能表

一键优化	图标库	补间动画	裁剪图片
矩阵布局	色彩库	导出视频	智能选择
环形布局	图示库	导出图片	取色器
PPT拼图	智能图表		

iSlide 核心其实就是用最简单的方式完成一个复杂操作。在众多功能里，没有哪一项操作是过于复杂的，为的就是节省更多的制作设计时间，提高你工作效率，秀出你别具一格的幻灯片。

（1）一键优化

在多台设备间使用同一个幻灯片时，时长会出现排版混乱、字体缺失的问题，为了有一个良好的观看效果，我们需要反复调整我们的段落及字体。而这个调整过程并不简单，需要我们一个个页面进行调整，对时间无疑是极大的浪费。

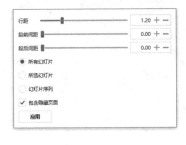 

iSlide 为我们提供了统一字体、统一段落的功能，还很贴心地提供了一些扩展选项，例如选择所有幻灯片、是否包含隐藏页面。

(2) 高效布局

iSlide 图示库

图片在 PPT 中是不可缺少的元素之一，有的时候图片也会占据我们多页的篇幅，所以如何优雅地布局大小不一的图片素材，便是我们头疼的问题。矩形布局 + 图片填充就是最好的解决方案，iSlide 提供快捷布局背景矩形块功能，可以快速地建造、布局、合并矩形块。

而且对于矩形，我们还可以进行微调，数量、间距、偏移角度，只要你可以想到的调整，iSlide 都为你准备好了，如何布局出一个高规格的背景排版就要看你的审美了。完成背景矩形布局后我们只需要使用 PowerPoint 自带的图片填充功能就可以完成图片布局了。

矩形布局只是智能布局的一小点，除了矩形布局外还有环形布局，结合 PowerPoint 自带的功能，可以带你花样玩转图示，当然你也可以选择它自带的图示库。

（3）万能素材库

之前制作 PPT 时，总有这样的烦恼，在一些概括性话语旁总想加个图标示意一下，因为这种形象化的表达是提升品质的关键所在。但是又时常困扰于寻找适合的高清透明矢量图标，直到我遇到了 iconfont 。但是每次页面间的来回切换，下载按钮的不断点击，拖拽操作的重复执行，还是让人十分无奈，尤其是当新的 Keynote 提供了大量图标后，PowerPoint 的这项缺陷便更加明显。iSlide 在 PowerPoint 的界面里就提供了一个丰富的图标库，一共接近两千页的图标供你选择，虽然说里面的图标不一定有你自己寻找的图标那么精美，但是这一套可以修改大小、颜色风格一致的图标却能为你节省寻找的时间和添加的烦琐。

iSlide 图标库

不知道图表的制作是不是你的软肋，是不是经常发现人家的图表甩了你是几条街，就下面这种，左边是你的图表，右边是别人的图表：

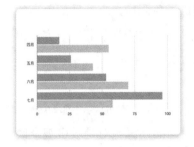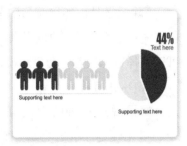

你的图表 & 别人的图表

这并不能怪到你审美不行，而是制作右边这样的一个图表，并不是一件简单的事情，如果这些图表都是现成的智能图表，你只需要改变数值变量即可，你会不会感动得痛哭流泪呢？iSlide 就为你提供了这样的一个智能图表库，里面包含 400 多种图表供你选择，而且可调整性相当高，并且可以配合图标库进行使用，可以将智能图表中的图标选中，使用图标库来替换矢量图标。

　　除此之外，iSlide 还提供了色彩库，来帮助配色盲的你来统一整个 PPT 的色彩风格，如果你对色彩很有研究，也可以选择自己配置一套色彩模板加入插件里。

　　（4）补间动画

　　如果说以上讲的都是 PPT 里的基本元素，那动画在 PPT 里无疑是点睛之笔，一个灵动的动画绝对是吸引观众眼球的利器。但是动画的制作在 PPT 里不是那么简单，对大多数人来说几乎是天方夜谭，很多人都处于添加过渡动画的阶段，更别说一些细节的动画了。iSilde 提供的补间动画功能大大降低了动画制作的门槛，你只需要找到矢量素材，然后修改补间动画参数，最后勾选每帧时长，就可以完成一个漂亮的动画了，如果你想知道更详细的步骤，可以去官网查看文档。

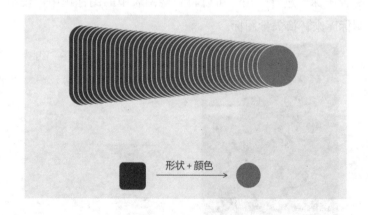

　　其实 PPT 的制作是一个很有意思的过程，有了 iSlide，PPT 设计可以说是非常简单了，也可以说是非常的有意思。

5. PPT 动画大师

在日常工作中，经常需要使用 PPT 软件来制作教学的动画教案。但在制作时发现有的动画形式表达教学内容不直观，这可以添加使用 PPT 动画大师。

（1）需要把 PPT 动画大师的文件下载到本地文件夹中。这样在导入时就有文件可以直接加载，如下图所示。

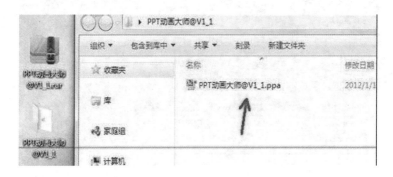

（2）打开 PPT 软件，标签选项页中，默认没有 PPT 动画大师，需要手动添加。

（3）鼠标左键单击【文件】下的【选项】按钮。

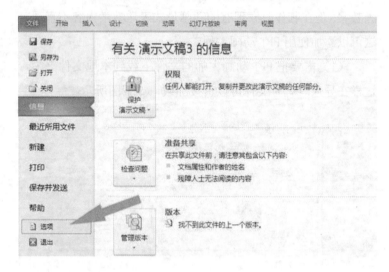

（4）找到【自定义工具】下的【开发工具】，需要勾选。

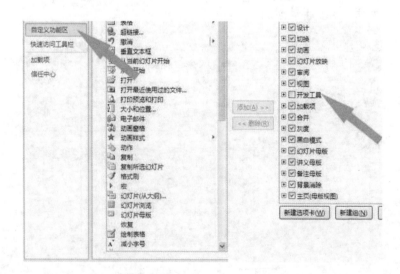

（5） PPT 中出现【开发工具】选项，鼠标左键单击【COM
加载项】。

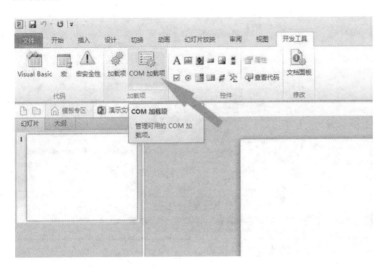

（6）通过单击【浏览】按钮选择动画大师的文件，加载
进来。

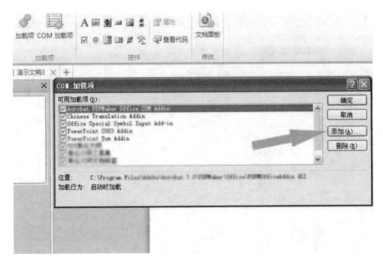

（7）在 PPT 中【选项】下，选择【加载项】，列表中选择【PPT 加载项】。

（8）　单击【加载宏】，在添加中选择下载好的动画大师的文件来加载。

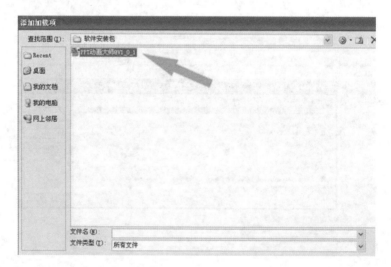

（9）在选项中找到【自定义工具】，把【PPT 动画大师】的选项勾选。

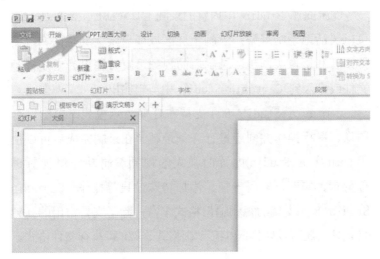

PPT 动画大师对于新手来讲难度很高，PPT 动画大师本质上是一个动画属性编辑工具，能让不懂 VBA 的人跨越 PPT 动画的局限，极大丰富 PPT 动画的能力，实现以往很多无法实现的效果。

三、Camtasia Studio 制作微课

Camtasia Studio 是由 TechSmith 开发的一款功能强大的屏幕动作录制工具，能在任何颜色模式下轻松地记录屏幕动作（屏幕 / 摄像头），包括影像、音效、鼠标移动轨迹、解说声音等。TechSmith 有一套世界一流的屏幕录制技

术 TSCC 压缩编码算法, 即 TechSmith Screen Capture Codec, 专门用于对动态影像的编码。

Camtasia Studio 中内置的录制工具 Camtasia Recorder 可以灵活地录制屏幕: 录制全屏区域或自定义屏幕区域, 支持声音和摄像头同步, 录制后的视频可直接输出为常规视频文件或导入到 Camtasia Studio 中剪辑输出。

Camtasia Studio 8.4 支持在任何显示模式下录制屏幕图像、鼠标操作并同步进行音频录制。在录制完成后可以使用 Camtasia Studio 内置的强大的视频编辑功能对视频进行剪辑、修改、解码转换、添加特殊效果等操作。Camtasia Studio 8.4 支持的视频输出格式丰富, 除了支持常用的视频格式外, 还可以转换成 GIF 动画格式、EXE 可执行文件格式。

1. 认识 camtasia 的界面

当启动 Camtasia studio 时, 会出现如下欢迎界面, 当需要重新打开该界面时可以进入帮助菜单 Help>show Welcome Window。

①录制屏幕 ：用来录制屏幕。

②输入媒体文件：用来输入音频、视频及图像媒体文件进入剪辑器进行后期编辑。

③最近的项目文件：显示最近使用的三个项目文件，打开项目文件时，只需点击相应的文件即可。

④区站点：点击左向或右向箭头将滚动显示在线的社区站点论坛或博客等。

⑤免费练习：点击任何一个项目，将进入练习的视频界面，包括：帮助文本、Technical 的技术支持、PDF 文档等。

录制（Recorder）

使用 Camtasia 的录制功能，你可以准确录制你想要的任何内容：全屏显示内容、特定区域内容、一个窗口、一个程序等。录制的步骤简单易学，当你第一次录制时，只需点击工作面板上的 Recoder 按钮，就可开始录制当前活动的屏幕内容了。

录制器将自动录制以下内容：

● 麦克风声音的录制

● 系统声音的录制（当然并不支持录制 WindowsXP 操作系统的声音）

● 智能聚焦及拍摄并自动优化关键帧为适当的视图

● 键盘的快捷键数据并在编辑器中自动生成标注

● 鼠标的运动轨迹并允许在编辑器中自行定义修改鼠标

录制 PPT

分享演示文档中的多个幻灯片内容，使用 Camtasia studio 的内置 PPT 插件功能来录制并让参与者分享再次观看 PPT 演示稿的机会，或者让未参与者观看演示文稿的内容。

使用 PPT 的内置插件，可以做到：

● 快速录制并生成一个能够放置于网络上的交互式 PPT 演示文档

● 包含视频、音频的画中画效果

● 存储录制的 PPT 文档为 Camtasia studio （CAMPROJ） 格式，这种格式可以用来编辑并生成多种格式文件

● 在录制的 PPT 文档中的每一个幻灯片上自动添加标记，如果在视频的末尾包含目录内容时，标记将作为目录内容显示

使用缺省设置首次录制

Camtasia 的录制功能相当简单，首次录制时，仅仅按下录制按钮（Recorder）即可。在录制面板上的缺省设置包含：

● 全屏录制

● 麦克风声音录制

● 系统声音录制（不支持 Windows XP 系统声音的录制）

● 智能聚焦及拍摄并自动优化关键帧为适当的视图

● 鼠标数据录制以便后期对鼠标的编辑

● 键盘的快捷键数据并在编辑器中自动生成标注

录制的预视窗口

当停止录制时，会弹出录制的预视窗口，此时，你就可预视任何刚刚录制的声音、视频内容及其他录制效果了。

改变预视的效果

	点击 Shrink to Fit 按钮将会在预视区域显示整个录制内容，这种模式下，录制的内容会产生缩放以匹配预视区域大小。此时的预视效果会有模糊或马赛克现象。但这并不影响实际录制内容的质量。
	点击 View at 100% 按钮（推荐使用）来预视整个录制视频。如果你录制了全屏或较大区域的内容时，滚动滑块将自动出现，此时你可以全范围浏览整个视频内容了。

其他录制选项

	存储录制格式为 Camtasia 录制格式（TREC），关闭预视窗口，同时打开位于剪辑器和时间轴上的编辑器。此时 Camtasia 依然保持录制状态。
	存储录制文件，同时打开生成向导以便生成一个分享的格式文件。
	永久删除录制文件。

2. 时间轴

（1）时间轴介绍

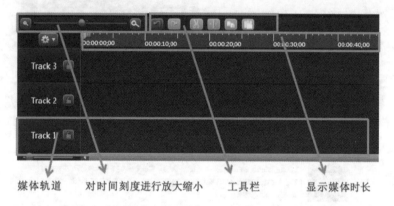

媒体轨道　　对时间刻度进行放大缩小　　工具栏　　　显示媒体时长

　　时间轴是我们在视频编辑时必不可少的工具，我们在视频处理时大量的工作都会在时间轴上进行，所以了解时间轴的使用是必不可少的。

　　媒体轨道：当我们把我们想要编辑的媒体拖入时间轴后，媒体将会显示到轨道中，这样我们就可以在轨道中对想要编辑的媒体进行一系列的操作。

　　工具栏：工具栏中有 6 个按钮。

　　①　　　　　：这个按钮可以返回、前进到你上一步或下一步的操作；

　　②　　　：它可以删除你不需要的媒体文件或删除标签选择的区域；

 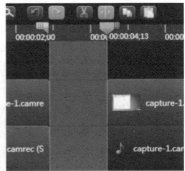

　　我们可以看到，当点击剪刀按钮后，我们选定的区域就被删除了。

　　（2）剪辑删除轨道

　　怎么才能把我们的视频中的错误剪辑出来并删除呢？

　　首先播放我们需要剪辑的视频，当发现错误的地方时，我们点击键盘上的 M 键进行标记。

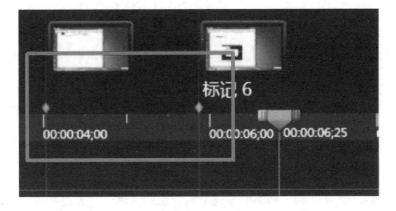

　　这时，需要我们将播放轴拉到第一个标记点上（靠近时它会自动吸附上去，不会导致选择不准确），然后拉动播放

轴上的红色按钮，并拉到第二个标记点，这样我们就选择了视频中错误的区域。

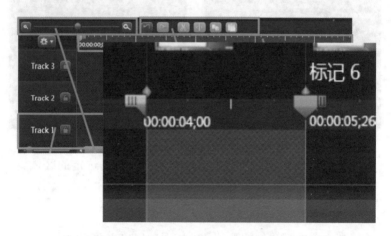

最后，我们点击时间轴工具栏中的 按钮，就可以将我们选择的错误区域删除。

3. 使用录制常识

（1）在您录制教程的过程中，会出现一些错误的操作，您不用停下来，在后期视频剪辑时您可以将错误的地方剪辑掉。

（2）录制时尽可能在安静的地方进行，如果录制环境比较嘈杂，虽然后期您可以通过降噪的方式处理，但是效果并不会非常好。

（3）在您录制教程视频前，最好先给自己列一个讲解大纲，您可以通过 PPT 的方式来构筑您的大纲。（大纲并不用写得非常详细，这样在录制视频时可以起到很好的提示效果，可以使您的录制过程变得非常流畅）

　　在录制时，尽量使用比较简单或颜色较少的画面，这样后期生成的视频文件会相对比较小。如果在录制时有一个画面不需要我们操作，尽量保持画面的静止状态，这样的好处是，在后期生成视频文件时，系统只使用一个关键帧就可以了，这样可大大减少视频文件的大小。

4.Camtasia 智能聚焦（SmartFocus）录制技巧

　　TecnSmith 公司高级的智能聚焦（SmartFocus）技术全程记录了录制过程中的动作轨道。因此它就可以在你需要的部分进行缩放效果处理。该智能聚焦功能使得在前期录制或剪辑时较高分辨率的视频文件（如全屏录制模式下）可以根据需要生成较低分辨率的视频文件（一般这些文件使用在网络或 iPod 上）。

　　当录制器录制时，智能聚焦功能收集了完成动作的有关数据及光标的移动轨迹。智能聚焦可以预判可能缩放的区域并设置了动画，节省了你手动添加缩放或动画效果的时间。

　　如果你计划在编辑的过程中使用智能聚焦效果，那么，以下的录制技巧有助于智能聚焦预判缩放的区域。

　　● Slow down ：慢速运动并周密计划鼠标的运动轨迹，尽量不要在屏幕上快速运动鼠标。

　　●全屏录制后在较小区域显示：智能聚焦（SmartFocus）的目的在于你使用全屏或较大区域录制的内容而最终生成的视频却要在较小区域显示。例如：你全屏录制了一个程序，而最终生成的视频要分发到移动终端显示，全屏录制的内容如果没有经过缩小处理在移动终端上是不能完全显示的。

●录制剪辑要长于 30 秒：使用智能聚焦（SmartFocus）的时间最好大于 30 秒。对于小于 30 秒的内容的剪辑，需要你手动增加缩放或设置动画。

●在你要让浏览者关注处悬停鼠标：在录制时，要把鼠标保持在焦点区域之上。例如：你想让浏览者关注一个超链接，此时，把鼠标置于你讲解到的地方或附近处并点击。

●不要让鼠标随意乱动：当你讲解时，不要让鼠标在屏幕上随意移动，要保持鼠标在录制过程中一直位于焦点区域。

●输入文本时保持鼠标接近于该文本区域：当在文本框中点击鼠标时，智能聚焦（SmartFocus）并不会正确预判动作指令，此时可把鼠标移动到屏幕的另一侧并开始讲解。如果你要让浏览者看清楚文本框中输入的文字，则需要把鼠标置于文本框中。

智能聚焦在录制中放大显示了一些区域，这将有助于提高视频的可视性体验，同时可生成小于原始录制范围的视频内容。

另外，在全屏录制的模式下，Camtasia 录制器在录制的过程中允许你在屏幕上绘制标注线条及增加一些特殊效果。

（1）录制视频的基本步骤：

①选择录制的区域

●缺省模式是全屏录制

●自定义录制区域

●录制固定区域大小

②网络摄像头的录制

③声音录制

●缺省模式是麦克风声音录制

●系统声音录制（不支持 Windows XP 系统声音的录制）

④点击录制按钮（Record）开始录制

⑤点击停止按钮（Stop）或 F10 停止录制，录制预视窗口出现

●此时可编辑录制

●生成分享的视频格式

（2）Camtasia（TREC）格式录制文件

Camtasia Studio 可以录制两种文件格式：TREC 和 AVI。缺省情形下，录制的文件格式为 TREC 格式。

TREC 格式是从 Camtasia Studio8.4 开始才有的一种格式，这种新型的格式允许你在 PC 版的 Camtasia Studio8.4 和苹果的 Camtasia 2.8.0 之间共用同一个文件。

Camtasia 的 TREC 格式是一种自定义的文件格式，该文件格式可以拥有多个视频文件，其他视频编辑软件并不能读取或打开 TREC 格式。包含在 TREC 格式中的数据允许你在录制完成后，能使用 Camtasia Studio8.4 和苹果的 Camtasia

2.8.0 对视频文件进行后期编辑。

> Camtasia Studio8.3 或较早版本生成的 CAMREC 文件依然可以在 Camtasia 的编辑器中使用。但从 Camtasia Studio8.4 开始，CAMREC 文件将没有其他选择。

TREC 格式文件包含：

● 网络视频将作为画中画出现

● 鼠标数据

● 智能聚焦和相应动画数据

● 按键标注

● 麦克风声音

● 系统声音

● 标签数据

（3）更改录制文件的格式

在 Camtasia 的录制器中，选择工具（Tool）> 选项（Option）>主选项卡（General Tab）>存储组盒子（Saving group box）>录制选项（Record to）。

选择下列格式之一：

	TechSmith Camtasia Recording File（.trec）：缺省的录制格式。所有的录制内容包含屏幕和摄像内容及各种数据流被统一打包成一个文件。在你要增加一些标记、使用智能聚焦或者是网络摄像时，必须使用该格式文件。
	Audio Video Interleave(.avi)：使用 AVI 格式文件，可以在 Camtasia Studio 之外共享录制文件。但你将不能增加标记、不能使用智能聚焦、不能记录按键快捷、不能使用网络摄像。

（4）移动或重新定义录制区域

当你点按录制按钮（Record）后，在录制区域边缘出现一条点状的绿色线框。

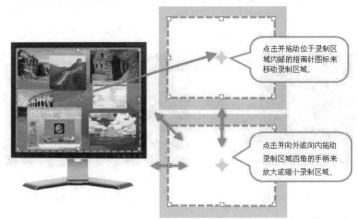

点击并拖动位于录制区域内部的指南针图标来移动录制区域。

点击并向外或向内拖动录制区域四角的手柄来放大或缩小录制区域。

● 移动录制区域时，点击并拖动位于录制区域内部的指南针图标到屏幕上的新区域；

● 缩放录制区域时，点击并向外或向内拖动录制区域四角的手柄；

（5）锁定窗口或程序的录制区域

锁定程序录制区域（Lock to Application）的命令将允许你依据选定的应用程序窗口来自动缩放录制区域。

如果录制的区域改变了，窗口或应用程序将自动匹配至录制区域的大小。

当要同时使用锁定缩放比例（Lock Aspect Ratio）命令时，如果录制的窗口或应用程序在需要进行缩放时，缩放将保持同比例进行。

①在桌面上点击需要录制的窗口或应用程序来激活为当前焦点；

②打开录制器（Camtasia Recorder）；

③点击自定义（Custom）按钮，自定义（Custom）选项扩展开来；

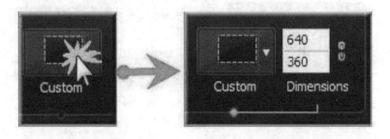

④点击自定义（Custom）的下拉箭头并选择Lock to Application。

⑤点击自定义（Custom）的下拉箭头并选择Select area to Record。

⑥点击要录制的窗口或程序；

⑦点击Lock Aspect Ratio的图标以保证同比例缩放。

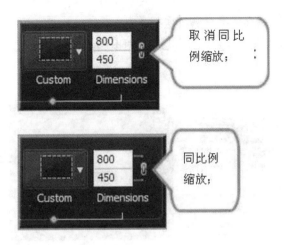

（6）录制全屏

选择录制全屏（Full Screen）可以录制最大的区域，桌面上所有激活的窗口或者最大化窗口的程序均可录制。

①打开录制器（Camtasia Recorder）；

②点击全屏（Full Screen）按钮；

③可选选项：网络摄像头；

④录制声音（Audio），缺省状态下，麦克风及系统声音均被录制；

⑤点击录制（Record）按钮；

⑥按下 F10 可以停止录制，随后录制的预视窗口出现；

●点击 Save and Edit 在视频编辑器中打开录制的视频，在视频编辑器中，你可以丰富和编辑录制的视频。

●点击 Produce 按钮打开生成向导用来创建分享视频文件。

（7）以标准或宽屏面积录制

选择自定义时，可以选定预设的宽屏或标准比例的面积录制。

在自定义大小录制时，为了达到最好的效果，在编辑和输出视频时也要使用相同大小比例的面积。

①打开录制器（Camtasia Recorder）；
②点击自定义按钮（Custom），自定义窗口扩展开来；

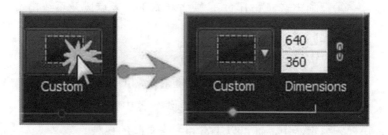

③点击下拉箭头，从一系列标准或宽屏面积中选择需用的比例，或者是在宽度和高度栏中输入像素值。

④可选选项：网络摄像头的录制；

⑤录制声音（Audio）缺省状态下，麦克风及系统声音均被录制；

⑥点击录制（Record）按钮；

⑦按下 F10 可以停止录制，随后录制的预视窗口出现。

●点击 Save and Edit 在视频编辑器中打开录制的视频，在视频编辑器中，你可以丰富和编辑录制的视频。

●点击 Produce 按钮打开生成向导用来创建分享视频文件。

（8）录制固定区域或程序

录制屏幕上的固定区域、一个窗口或一个应用程序；

①打开打开录制器（Camtasia Recorder）；

②点击自定义按钮（Custom），自定义窗口扩展开来；

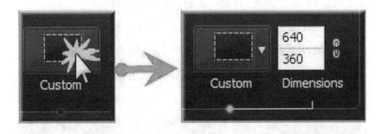

③点击自定义（Custom）的下拉箭头，选择选定区域录制（Select to record）；

● 选择录制窗口时，移动光标直到录制的区域或窗口高亮显示为止，点击选定。

● 选择录制区域时，在屏幕上点击并拖拽画出一个框，释放鼠标即可选定区域。

④可选选项：网络摄像头的录制；

⑤录制声音（Audio）缺省状态下，麦克风及系统声音均被录制；

⑥点击录制（Record）按钮；

⑦按下 F10 可以停止录制，随后录制的预视窗口出现。

● 点击Save and Edit在视频编辑器中打开录制的视频，在视频编辑器中，你可以丰富和编辑录制的视频。

● 点击 Produce 按钮打开生成向导用来创建分享视频文件。

(9) 录制网络摄像头

在 Camtasia Recorder 录制器中可以录制网络摄像头，当你录制屏幕时，可以同时录制讲解者的视频。

Camtasia Recorder 录制器录制摄像头的功能仅支持录制存储格式为 TREC 的文件并需要改文件格式时，可以进入 Tools>Options>General Tab 中更改

① 点击网络摄像按钮（Webcam on）来激活摄像录制功能；

②点击下拉箭头来选择摄像设备；

Camtasia Recorder 录制器并不支持 DV 摄像设备。

③网络摄像的实时录像出现在摄像选项的右侧，要放大显示摄像的效果，把光标悬停于实时录像图标之上就可实现。

④要改变摄像的选项，可以点击摄像的下拉菜单（Camera > Option）。

在 Camtasia Studio 中可以使用录制摄像命令在随后一些时间录制摄像视频。

（10）录制时增加光标的效果

使用这些效果后，光标将在这些录制中永久存在，且不能被更改或者去除。为使录制器能采集光标数据用来在后期 Camtasia Studio 中编辑和丰富其效果，可以在光标选项卡上选择保留光标在 Camtasia Studio 中效果可编辑性的选项。

Cursor
☑ Make cursor effects editable in Camtasia Studio
Cursor

（11）光标的高亮显示或点击鼠标效果

高亮显示的光标效果可以让观看者在光标移动的过程能集中注意力，同时也保证了光标不会与背景相融。鼠标的点击效果则增加了鼠标的动画效果以使录制过程中鼠标的点击动作得以强调。

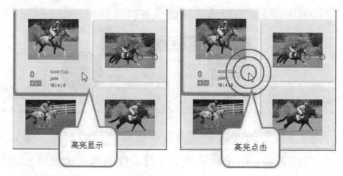

高亮显示　　　　　　　　　高亮点击

①选择 Effects〉Options〉Cursor tab 〉Disable 等来取消在 Camtasia Studio 中对光标效果可编辑性的选项；

②在高亮显示光标的项目组上，选择效果的形状、大小、色彩及透明度；

③在高亮显示鼠标点击的项目上，选择效果的形状、大小、鼠标左键及右键的色彩；

④点击 OK；

●为使这些效果在录制时显现，可选择 Effects〉Cursor 〉Highlight Click，Highlight Cursor，或者是 Highlight Click & Cursor；

●为使这些效果在录制时显现，点击位于录制工具栏上的光标效果项可扩展窗口选项，选择 Highlight Click，Highlight Cursor，或者是 Highlight Click & Cursor。

（12）使用自定义的光标来录制

①选择 Effects 〉Options 〉Cursor tab 〉Disable 等来取消在 Camtasia Studio 中对光标效果可编辑性的选项；

②在光标选项组上，选择自定义光标或从光标文件中选择使用；

> Camtasia Recorder 支持 CUR 或 ICO 格式的自定义光标。C:\Windows\Cursors 包含有你能使用到的自定义光标文件

③点击 OK。

●为使光标效果在录制前就显现，可选择 Effects ＞ Cursor ＞ Highlight Click，Highlight Cursor，或者是 Highlight Click & Cursor；

●为使光标效果在录制过程中显现，点击位于录制工具栏上的光标效果项可扩展窗口选项，选择 Highlight Click，Highlight Cursor，或者是 Highlight Click & Cursor。

（13）显示或隐藏光标

在录制过程中要隐藏光标时，选择 Effects ＞ Cursor ＞ Hide Cursor，可以隐藏光标。在录制过程中，光标虽然在屏幕上出现，但在录制预视窗口或录制的结果文件中并不会出现。

（14）增加鼠标点击的声音效果

①无论何时点击鼠标，鼠标点击效果功能将播放一个声音文件；

②要使用比缺省提供更多的声音效果时，点击浏览按钮（Browse），搜寻格式为（WAV）的声音文件并选择。

③在声音选项卡上可点击 OK 按钮退出声音选项卡；

④打开声音效果选项卡（Mouse Click Sounds）时，可选择 Effects ＞ Sound ＞ Use Mouse Click Sounds，对号标记表明声音选项卡已打开。

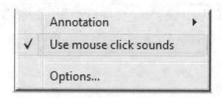

在你没有关闭声音效果选项前，声音效果将出现在你录制的每一个文件中。

（15）录制时在屏幕上绘制线条

> 使用这些效果后，绘制的曲线将在这些录制中永久存在，且不能被更改或去除。在 Caption Options 中增加箭头或标注框具有相近的效果，然而所有在 Caption Options 中增加的箭头和标注框均要在后期进行编辑。

在录制中使用 ScreenDraw 功能，可以添加诸如箭头及圆圈等绘制的曲线。

5. ScreenDraw 功能

（1）录制时使用 ScreenDraw 功能（自定义区域）

①打开录制器；

②选择 Tools ＞ Recording Tools ＞ Effects toolbar。

③点击录制按钮（Record）开始录制，倒数计数结束后，ScreenDraw 的选项出现；

④在效果工具栏上点击 ScreenDraw 按钮；

⑤随后 ScreenDraw 的窗口扩展开来，在该工具面板中可以选择一个工具并在屏幕上点击拖动进行绘制；

⑥要改变缺省的工具，可以在效果工具栏上的某一工具一侧选择下拉箭头选择相应命令即可；

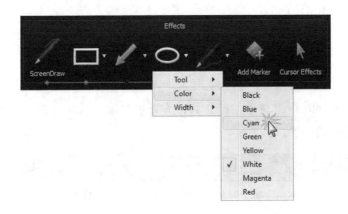

⑦取消最近一次的 ScreenDraw 绘制动作时，可以按下 CTRL+Z；

⑧退出 ScreenDraw 绘制模式时，按下 ESC 或者 CTRL + SHIFT + D。

（2）录制时使用 ScreenDraw 功能（全屏）

①打开录制器；

②选择 Tools ＞ Recording Tools ＞ Effects toolbar。

③点击录制按钮（Record）开始录制，倒数计数结束后，按下 CTRL+SHIFT+D 激活 ScreenDraw 选项；

④使用 ScreenDraw 的热键来选择工具、工具的线的宽度、工具的形状以及色彩；

⑤点击并拖动光标在屏幕上绘制；

⑥取消最近一次的 ScreenDraw 绘制动作时，可以按下 CTRL+Z；

⑦退出 ScreenDraw 绘制模式时，按下 ESC 或者 CTRL+SHIFT+D。

（3）ScreenDraw 的快捷键

当录制全屏时，使用 ScreenDraw 的快捷键将会启动 ScreenDraw 并更改绘制工具，你可以更改工具、色彩及绘制曲线的线宽。

命　　令	快捷键	命　　令	快捷键
启动 ScreenDraw	CTRL+SHIFT+D	圆（Ellipe）	E
工具线宽（Tool Width）	1-8 的线宽	铅笔（Pen）	P
形状（Frame）	F	线（Line）	L
高亮（Highlight）	H	箭头（Arrow）	A
黑（Black）	K	蓝（Blue）	B

命 令	快捷键	命 令	快捷键
青（Cyan）	C	绿（Green）	G
黄（Yellow）	Y	白（White）	W
红（Red）	R	取消（Undo）	CTRL+Z
重做（Redo）	CTRL+R	Exit ScreenDraw（退出）	Esc

6. 录制时增加系统标记信息

（1）步骤

诸如时间和日期信息及录制的进程时间等系统标记信息将会被插入到录制的内容中。

Caption 的录制器将会在录制内容中永久保存系统的信息。即使在后期的 Caption 视频编辑器中也不会被去除或编辑。

①添加系统信息需要在录制前选择系统信息选项；如下步骤：Effects ＞ Options ＞ Annotation ＞ System Stamp 的组合选项。

②点击Time/Date Format按钮改变系统信息的显示顺序，当确定后点击 OK。

③在动画选项卡（Annotation Tab）上，点击 OK 退出。

④打开系统信息选项命令，可选择：Effects >
Annotation > Add System Stamp。在命令前面的对号标记表
明该命令已经打开。

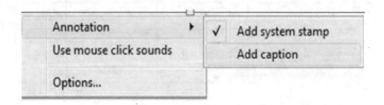

在该命令没有取消以前，标题将会在录制的每
一个文件中存在；关闭该命令时，可选 Effect >
Annotation > Captions

(2) 系统信息选项

信息选项	选项描述	选项样例
时间/日期 Time/Date	点击 Time / Date Format 按钮改变系统信息的显示格式； 　　使用系统信息可以让你确切知道录制的过程中事件发生的准确时间，例如，在做测验时会用到该功能。	04:20:31 PM 09/24/2008
进程时长 Elapsed time	该命令显示从录制开始时已播放的时长。	00:02.733
首显顺序	当系统信息中同时包含时间日期和进程时长时，使用命令决定它们出现的先后顺序。	
其他选项	自定义系统信息的字体或背景色。	

（3）录制时增加标题

使用标题可以增加版权信息、特别的说明及其他额外信息。

> Caption 的录制器将会在录制内容中永久保存标题文字。在 Caption Options 中，增加标题或标注具有相近的效果。而 Caption Options 中增加的标题和标注能被编辑，在录制过程增加的这些内容将不会被去除或编辑。

①录制前，选择 Effects ＞ Options ＞ Annotation Tab ＞ Caption 的组合选项。

②在标题栏中输入标题文本。

③录制前可选激活命令提示符（Before Prompt）以用来显示记录信息的标题对话框。

④点击 Caption Options 按钮来自定义标题的字体和背景，完成可点击 OK 确定。

⑤在动画选项卡上（Annotation Tab），点击 OK 退出。

⑥ 要 打 开 Caption Options 选 项， 可 选 Effects ＞ Annotation ＞ Caption，命令前的对号标记表明该命令已经可用。

> 在该命令没有取消以前，标题将会在录制的每一个文件中存在；关闭该命令时，可选 Effects ＞ Annotation ＞ Caption。

(4) 录制时增加标记

当在 Camtasia 录制器中录制 TREC 的格式文件或在 Camtasia Studio 中编辑视频文件时可以增加标记文件。

增加标记的作用：

①创建录制记录，例如，在录制中标记一个暂停以便后期编辑时裁剪。

②设置一个裁剪点，以便后期把视频裁剪为多个视频文件。

③创建导航点，如果需要在视频结尾包含一个内容列表，标记将显示在内容列表上。

要在录制时增加标记，可以按下 CTRL+M 或者在录制工具栏上点击 Add Marker 按钮。

想要在浏览录制过程中添加标记，可以把 TREC（或 Camtasia Studio 8.3 或更高版本的 CAMREC）格式文件置入 Camtasia Studio 中，此时添加的标记将会出现在时间轴上。

7. 显示或隐藏录制工具栏

在录制的过程中，你可以自定义哪些工具可以出现在工具栏上。缺省情况下，仅基本的控制与声音工具会出现在工具栏上。

(1) 全屏录制时可最小化工具栏

当以全屏模式进行录制时，录制工具栏将最小化为系统的托盘小标，可以点击图标进入录制选项，再次点击图标时将会隐藏图标。

> 如果你在录制区域打开或移动工具栏，工具栏将会出现在录制的视频中，当工具栏在最小化时需要更改工具，可选 Tools>Options>General tab>Minimize tray during recording.

(2) 显示或隐藏录制工具栏

① 在录制器中，选择 Tools > Recording Toolbars 可打开录制器工具栏的对话框。

②在该对话框中可激活或取消工具栏中的工具。

声音或摄像工具只有在录制声音或摄像时才能使用

③点击 OK 确定。

(3) 声音工具栏

声音输入记录显示了录制时的声音品质，当声音输入记录在绿色到浅桔黄色之间时，将生成最好的音质效果；在桔黄到红色区间时，表明声音文件被裁剪了。拖动滑块可调整声音大小。

(4) 摄像工具栏

在摄像工具栏上会显示一个实时的摄像头录制的预视图，当放大显示预视效果时，把光标悬停于预视图标上即可。

（5）状态工具栏

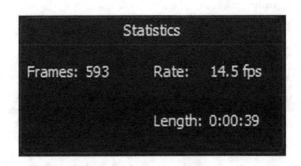

状态工具栏提供了一些关于录制的信息：帧数、帧速（每秒的帧数）、时长。

（6）效果工具栏

选　　项	说　　明
屏幕绘制 （ScreenDraw）	点击它会激活屏幕绘制功能并扩展屏幕绘制工具栏；
屏幕绘制工具 （ScreenDraw Tools）	点击可选中工具，并可从下拉菜单中选择缺省的工具类型；
增加标记 （Add Marker）	点击可增加一个标记
光标效果 （Cursor Effects）	点击可扩展光标效果选项： ● 高亮显示 ● 高亮点击

8. 更改录制时的热键

① 在 Camtasia 录制器中，可选 Tools Options ＞ Hotkeys Tab；

②选择一个录制功能；

③选择一组热键；

④点击 OK 确定。

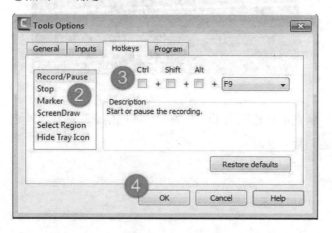

缺省热键列表：

选项	缺省热键
录制/暂停（Record/Pause）	F9
停止（Stop）	F10
标记（Marker）	CTRL+M
屏幕绘制（ScreenDraw）	CTRL+SHIFT+D
选择区域（Select Region）	None
隐藏托盘图标（Hide Tray Icon）	None
静音（Mute）	None

9. 在 Camtasia 录制器中录制声音

在录制的视频中采用最好品质的声音是非常重要的，因为用来生成最终视频的声音编码有可能引起声音质量的下降。

如果声音源在打开和正确设置后，录制器中声音源的信号指示条将被激活，在声音的下拉菜单中会列出所有的声音源。

在 Windows XP 系统下，菜单中激活的信号指示条将不可见。

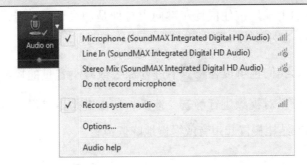

（1）录制声音

①首先激活声音选项；在上图我们可以看到，在时间轴的上方也有一行工具栏，如果我们需要对文件的声音进

行编辑时，我们点击工具栏上的 Audio 键， 会出现一个编辑框。

此时，我们媒体文件的时间轴轨道会出现绿色部分，这就是我们视频声音的轨道。

如果此时我们想要加大音频的话，可将鼠标移动到绿色部分的上端，按住鼠标左键向上拉伸是加大音频声音，向下拉伸是减小音频声音。

②我们也可以在 Audio 中进行加大或减小音量的控制，我们也可以对视频进行静音。淡入、淡出键是指我们让音频的开始或结尾慢慢起声音或慢慢地降低声音。

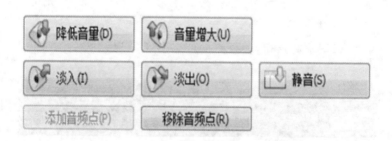

· 152 ·

（2）常见的声音录制问题

在用麦克风讲话或使用系统声音时，你应该注意观察声音的指示记录。录制过程中遇到问题时，可以参照以下解决方法：

声音指示值	指示值的意义	解决方法
	声音等级位于绿色区域并随着声音变化而变化；	无需调整
	声音指示值并不随着声音变化而变化；	1.确保选定的声音源正确连接或者已经开启；2.确保选择了正确的声音源，可以点击声音的下拉菜单来再次选择确定；3.确保音量正常。（非静音）
	声音指示值太低，声音指示值不在绿色到黄色之间；	向右拖动滑块；
	声音指示值位于黄色和桔黄色之间的将被裁剪；	向左拖动滑块；
	声音指示值位于桔黄色和红色之间的将被裁剪；	向左拖动滑块；

(3) 录制声音技巧

●使用你能用到的最好的麦克风；

录制视频时对声音的要求较为严格，当声音的质量较差时，将会影响人们对视频的观看。

●使用 USB 口的麦克风；

USB 口的麦克风将使用到最少的计算机系统资源，能比直接接到计算机声卡上的麦克风录制出更好的声音。

●使用 Camtasia 录制器缺省的声音设置；

这将把系统声音录制到一个单独的轨道上（不支持 Windows XP 系统声音的录制）。

●使用麦克风反复演练

放置麦克风到不同的位置及设置不同的音量来反复演练。一般麦克风距离嘴部约 6 英寸时可录制较好的音调，太近时会产生噪声。

●保持安静的录制环境

任何麦克风都会产生一些噪声，绝大多数办公场所都会有一些不引人注意的背景噪声。

★录制声音时，尽量不要在公共场合；

★使用远离交通噪声的办公室或会议室；

★门口贴上一些禁止高声喧哗的标识，让其他人知道你正在录制声音；

●做一个简短的测验，以确保声音能正确录制；

●使用脚本；

使用脚本有助于录制高品质的声音，避免录制过程中的口误或者出现不必要的停顿或其他"嗯、啊"的声音。即便你没有正规的演讲稿，拥有一个内容概要也会有助于你减少失误。

●设计发音

想象自己正置身于一所大教室中，对着一些听众在演讲，要注意说话时的语气与发音。

●录制时要监视声音指示值的变化

绿色到黄色区域代表正常，桔黄色到红色区域警告你录制时的声音近于走调，当声音指示值位于绿色到浅桔黄色区域时将会录制到最好品质的声音。

●录制后使用声音编辑器进行优化

对声音的优化就是通过减噪除去诸如"嗯、啊"的噪声，这样有助于你提高声音的品质。

●在编辑器中调整音量

若录制的声音太高或太低时，可在编辑器中进行调整。可在特定的波纹区域增加调整的节点。

●增加背景音乐会给录制内容起到点缀的效果

在使用麦克风录制旁白时，计算机播放的音乐会被同时录制并出现在编辑器中独立的音频轨道上。可以编辑背景音乐渐入来匹配旁白声音。

● 单独录制声音和视频

在你熟练使用 Camtasia Studio 后，可以先录制不包含声音的视频内容，并在后期编辑中完善你的视频内容。当视频内容编辑完成后，可以使用旁白功能来增加声音。对于那些使用常规步骤创建屏幕录制的使用者来说这是较为理想的过程。

●在录制的区域中暂停并听一听录制的声音

录制时选中声音录制选项，但不要说话。然后听一听录制的效果，你将会惊奇地发现房间的噪声有多少：椅子的吱吱声、电话的铃声、键盘敲击声、宠物或小孩的声音；麦克风所收集到的计算机或其他设备发出的声响等。

●阻止计算机的嗡嗡声

录制时，把麦克风放置到用泡沫塑料制作的一个长方形盒子中，或者用毛毯或枕头等把噪源覆盖，也可用毛毯把你的头部包裹起来。

10. 录制 PPT 演示稿

（1）步骤

使用内置于 PPT 的 Camtasia Studio 插件，可直接在 PPT 中录制并生成 PPT 演示文档。

①在 Camtasia Studio 中，从录制的菜单中选择从 PPT 录制（Record PowerPoint）；

②此时将打开 PPT 软件，打开一个 PPT 演示稿可进行录制；

③从 PPT 内嵌菜单中选择录制命令。

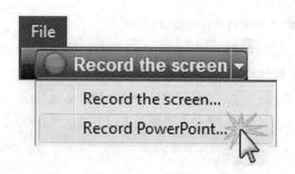

●录制旁白声音时，可点击启用录制声音图标（Record Audio ）

● 录制摄像头视频时（画中画效果），可点击启用录制摄像头图标（Record Camera ）

● 录制过程中预视实时录像时，可点击启用摄像预视图标（Camera Preview ）

● 点击 Camtasia Studio 的录制选项图标 来更改设置；

● 点击录制按钮 ○ Record 开始录制；

● 演示文档将以演示播放的模式打开，屏幕的右下角将会弹出一个 Camtasia Studio 的对话框，可以点击"点击开始录制按钮"（Click to begin recording）；

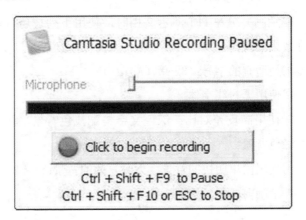

· 157 ·

④可以一直录制到 PPT 演示完所有幻灯片为止;

⑤在最后一帧幻灯片录制后,可按下 ESC 键;在演示文档结束时要停止录制可点击 Stop recording;

⑥输入文件名并选择存储位置后点击 Save 按钮存储文件,录制的演示文档存储为 Camtasia Studio(TREC)的格式文件;

(2) PPT 内置插件的热键

命　　令	热　　键
录制(Record)	CTRL+SHIFT+F9
暂停(Pause)	CTRL+SHIFT+F9
停止(Stop)	CTRL+SHIFT+F10

(3) PPT 录制的技巧

在录制并分享 PPT 演示文档时,使用下列技巧可以获得最好效果的视频文件。

①最适宜的字号:32 磅(Arial)

②使用无衬线字体;

③使用高反差对比:深色文字搭配浅色背景,浅色文字搭配深色背景;

④使用简单明快的背景,无须复杂的背景;

⑤录制前要拼写检查;

⑥使用 PPT 的备注记录，PPT 的备注可以置入 Camtasia Studio 中作为标注使用；

⑦使用标题占位符格式，这样置入 Camtasia Studio 的题目将会作为标记出现在列表中；

⑧使用正确裁切的图像；

⑨使用简单的动画效果；

⑩可在 PPT 中使用幻灯片切换效果，不要在 Camtasia Studio 中使用切换效果，在整个演示稿中使用相同的切换效果。

(4) 激活 PPT 内嵌插件的功能

使用 PPT 内嵌 Camtasia Studio 插件可直接在 PPT 中录制并生成 PPT 演示文档。

在 Camtasia Studio 安装时，内嵌功能缺省状态下已被激活。你也可在后期在 Camtasia Studio 中激活该项功能：Tools > Options > PowerPoint tab > Enable PowerPoint Add-in。

(5) PPT 内嵌 Camtasia Studio 插件的选项

在 PPT2010 及更高版本，选择 PPT 内嵌工具栏并点击选项按钮；

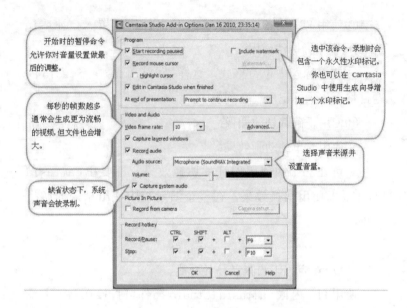

（6）PPT 内嵌水印（Watermark）插件的选项

要设置水印选项可如下：

①在 PPT2010 或更高版本中，选择 Add-ins tab ＞ PowerPoint Add-in toolbar ＞ Options ＞ enable Include Watermark ＞ Watermark；

②在 PPT2003 或较早版本中，选择 PowerPoint Add-in toolbar ＞ Options ＞ enable Include Watermark ＞ Watermark。

增加水印主要用来：

1. 标识视频的所有者或制作者；

2. 保护知识产权；

3. 体现公司或组织的 logo 标志。

你也可以在Camtasia Studio中使用向导工具增加水印。

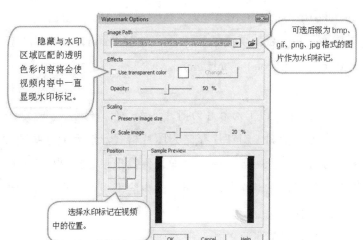

隐藏与水印区域匹配的透明色彩内容将会使视频内容中一直显现水印标记。

可选后缀为bmp、gif、png、jpg格式的图片作为水印标记。

选择水印标记在视频中的位置。

(7) 高级音视频设置选项

要设置这些选项可以：

选项	说明
视频编码	显示的选中视频的编码，点击视频安装按钮更改编码设置；
音频设备	选择声音的输入设备；
声音编码	显示了在音频格式对话框中选中的声音编码；
声音格式	显示了在音频格式对话框中选中的声音格式；
声音安装向导	打开声音安装向导可以安装并调整录制时的声音；
存储为TREC	存储录制的 PPT 演示文档为 TREC 格式；
把项目存储为AVI	存储为 AVI 格式的文件可以立即在 Camtasia Studio 环境之外分享录制的内容，使用 TREC 或者是 Camtasia Studio8.3 或更低版本生成的 CAMREC 格式文件则可进行编辑并生成视频文件；
缺省设置	恢复 PowerPoint Add-in 的缺省设置，大多数录制均采用缺省设置；

①在 PPT2010 或 更 高 版 本 中， 选 择 Add-ins tab ＞ PowerPoint Add-in toolbar ＞ Options ＞ Advanced；

②在 PPT2003 或较早版本中，选择 PowerPoint Add-in toolbar ＞ Options ＞ Advanced。

(8) 存储 PPT 幻灯片为图片格式

你可以把 PPT 幻灯片存储为图片格式，然后把这些图片置入 Camtasia Studio 中。这样当你发现录音或 PPT 拼写错误时，你只需重新录制相应错误的内容即可，无须重新录制全部的内容。

①打开 PPT 演示文档；

②如果你已经知道计划录制 Camtasia Studio 视频的分辨率，可重新设置 PPT 幻灯片的尺寸以匹配后期的视频大小。使用下列表来更改高度与宽度（英寸）为最终视频的像素分辨率。例如：你计划生成一个 640×480 像素的视频，则在宽度栏中输入 6.67（英寸），在高度栏中输入 5（英寸）即可。

●在 PPT2010 或更高的版本中，选择"设计选项卡"（Design tab）＞ "页面设置"（Page Setup）；

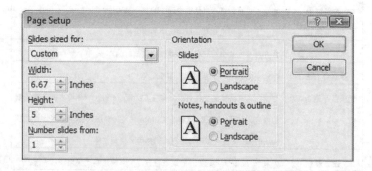

●在PPT2003或早期的版本中,选择"文件"(File) > "页面设置"(Page Setup);

③存储幻灯片为图片时:

● 在PPT2007版本中,选择"Office"按钮 > 存储为(Save As) > PPT 演示文档(PowerPoint Presentation)

● 在PPT2003版本中,选择"文件" > "存储为"

④当存储为对话框弹出后,从存储类型下拉框中选择一种图片的类型(BMP,GIF,JPG,PNG)然后点击存储。

⑤在弹出的对话框中可选择点击"每一张幻灯片"或"当前幻灯片"

(9) 像素与英寸对照表

像素		英寸		比值
宽度	高度	宽度	高度	宽:高
320	240	3.34	2.5	1.33
400	300	4.17	3.13	1.33
480	320	5	3.34	1.5
640	480	6.67	5	1.33
720	480	7.5	5	1.5
800	600	8.34	6.25	1.33
936	624	9.75	6.25	1.33
1008	672	10.5	7	1.5
1024	768	10.67	8	1.33
1080	720	11.25	7.5	1.5
1280	720	13.34	7.5	1.77

（10）不用 PPT 插件录制演示文档

当你把 PPT 幻灯片存储为单个的图片之后，你就可以在 Camtasia Studio 中创建演示文档视频了。

①在 Camtasia Studio 中，选择置入媒体文件（Import Media）；

②选择从 PPT 演示文档存储的图片并点击 OK；

③幻灯片图片被置入裁剪箱中，在时间轴上拖拽幻灯片图片至预期的位置；

④项目设置对话框出现后，输入宽度与高度的分辨率并点击 OK；

⑤在任务列表中，选择旁白；

⑥开始录制旁白；

11. 导入媒体

我们在导入我们需要剪辑的视频、图片或音频时，通常有两种导入方法：

（1）点击工具栏文件按钮，选择导入媒体按键，然后选择您所需要的媒体文件；

（2）在编辑框中点击鼠标右键，选择导入媒体。

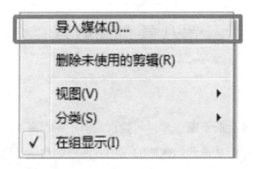

选择您需要导入的媒体后，文件将会在编辑框中显示：

第八章 创新教育

随着社会的不断进步，科技水平的不断提高，社会已经越来越现代化，从最开始微博的使用到现在的微信、微电影、微云、微刊，越来越多的"微"产品进入我们的实际生活中，为我们的生活带来全新的改变，也同时对教育教学领域产生很大的影响。微课以其学习目标明确、学习形式灵活、精练重难点等多种优点，已经被慢慢应用到课堂实践中，并且为中学生搭建了自主学习、提高创新能力的良好平台，使学生在良好的"微环境"影响下积极主动地投入学习中，在实践体验中得以成长。教师在微课教学上要利用好微课的特点优化学习氛围和环境，更好地培养中学生的创新精神和实践能力。

一、创新概述

创新教育就是以培养人的创新精神和创新能力为基本价值取向的教育。其核心是在普及九年义务教育的基础上，在全面实施素质教育的过程中，为迎接知识经济时代的挑战，着重研究与解决在基础教育领域如何培养中小学生的创新意识、创新精神和创新能力的问题。

创新教育的内容大致分为：思维教育、发现教育、发明教育、信息教育、学习教育、渗透教育、艺术教育、参与教育、未来教育、个性教育、和谐教育等。着重培养创新精神、创新能力、创新人格。

创新精神，主要包括好奇心、探究兴趣、求知欲，对新异事物的敏感，对真知的执着追求，对发现、发明、革新、开拓、进取的百折不挠的精神，这是一个人创新的灵魂与动力。

创新能力，主要包括创造思维能力，创造想象能力，创造性地计划、组织与实施某种活动的能力，这是创新的本质力量之所在。

创新人格，主要包括创新责任感、使命感、事业心、执着的爱、顽强的意志、毅力，能经受挫折、失败的良好心态，以及坚忍顽强的性格，这是坚持创新、做出成绩的根本保障。

二、创新、创造与素质教育

（一）创新教育与创造教育的关系

创新教育与创造教育有相同的一面但也有很多的不同。创新教育是为了迎接即将到来的知识经济时代而提出来的。创新教育不仅是方法的改革或教育内容的增减，而且是对教育功能的重新定位，是带有全局性、结构性的教育革新和教育发展的价值追求，是新的时代背景下教育发展的方向，尽管我们研究的定位为培养中小学生的创新精神和创新能力，但实际上带来的将是教育全方位的创新。我们强调，创新教育的重点不仅是在操作层面上搞小发明、小制作，或在学科教学中仅仅培养发散思维能力就可以了。这些在创新教育中仍然要搞，但除了考虑这些操作层面上的问题外，更要考虑适宜创新人才成长的土壤、良好的环境，这比什么都重要。这符合马克思主义的基本原理，环境对人的影响是特别巨大的，尤其是对青少年的影响更是巨大。所以，我们能否接过创造教育的旗帜搞创新教育呢？不行，时代不同了。创新教育与过去的创造教育固然有继承关系，但绝不是沿袭过去的东西。当然两者也并不矛盾，它们在很多方面，尤其在基础方面是相通的。我认为，创新教育是创造教育在新的历史条件下的发展和升华。

（二）创新教育与素质教育的关系

中共中央、国务院《关于深化教育改革全面推进素质教育的决定》中已经指出，创新教育不是离开素质教育另起炉灶，另搞一套，而是素质教育要以培养学生的创新精神和实践能力为重点。有人说，创新教育把素质教育推向了一个新的台阶，创新教育是素质教育的灵魂、核心，创新教育为实施素质教育、深化素质教育找到了一个"抓手"。这几年搞素质教育总感到有点像老虎吃天，不知从哪着手。先是多搞活动，多搞点音、体、美，但又感到光停留在这个层次上也不行。现在感到创新教育抓住了素质教育的核心内容，可以成为"抓手"，况且创新精神和创新能力便于细化，可以操作，用它可以带动素质教育的方方面面。1999 年 10 月 20 日的《中国教育报》

在头版位置报道创新教育课题时提出：创新是实施素质教育的关键。过去从来没有这样提过，但细细琢磨确实是有道理的。创新是关系国家前途命运的关键问题；素质教育要提高全民族的素质，提高全民族的创新能力，它同创新教育追求的目标是一致的；实施素质教育必须在一系列问题上创新，包括教育观念、教育思想、教育制度、教育内容、教育方法都要创新。如果不创新，还是沿袭旧的那一套，素质教育就很难实施。所以，不管是从时代的发展、现代化的需要、教育改革的需要、党和国家领导人的倡导来看，还是从素质教育追求的目标来看，创新教育是为了使素质教育能够真正得到贯彻实施。正如教育部副部长所说的：深化教育改革，全面推行素质教育有很多方面，其中最重要的是创新精神和创新能力。它能保证素质教育的实施，而且使之得到深化。

三、创新教育的实施

所谓创新教育就是使整个教育过程被赋予人类创新活动的特征，并以此为教育基础，建成以达到培养创新人才和实现人的全面发展为目的的教育。所谓创新人才，应该包括创新精神和创新能力两个相关层面。其中，创新精神主要由创新意识、创新品质构成。创新能力则包括人的创新感知能力、创新思维能力、创新想象能力。从两者的关系看，创新精神是影响创新能力生成和发展的重要内在因素和主观条件，而创新能力提高则是丰富创新精神的最有力的理性支持。

实施创新教育就是要从培养创新精神入手，以提高创新能力为核心，带动学生整体素质的自主构建和协调发展。而创新精神和能力不是天生的，它虽然受遗传因素的影响，但主要在于后天的培养和教育。创新教育的过程，不是受教育者消极被动地被塑造的过程，而是充分发挥其主体性、主动性，使教学过程成为受教育者不断认识、追求探索和完善自身的过程，亦即培养受教育者独立学习、大胆探索、勇于创新能力的过程。因此，在教学过程中要致力于培养学生的创新意识、创新能力及实践能力。

（一）转变教师观念，培养创新意识

教师观念的转变是实施创新教育的关键和前提，教师观念不改变就不可能培养出具有创新意识的学生。首先，要认识课堂教学中教师与学生的地位和作用，教与学的关系，发挥教师的主导作用和学生的主体作用，充分调动学生的学习主动性和积极性，使学生以饱满的热情参与课堂教学活动。建构主义理论认为：知识不是通过传授得到的，而是学习者在一定的情境即社会文化背景下，借助他人（包括教师和学习伙伴）的帮助，利用必要的学习资料，通过意义构建而获得的。因此，教师在学生的学习过程中应是组织者、指导者、帮助者、评价者，而不是知识的灌输者，不要把教师的意识强加于学生。而学生是教学活动的参与者、探索者、合作者，学生的学习动机、情感、意志对学习效果起着决定性作用。其次，在教学方法上也要改变传统的注入式为启发式、讨论式、探究式，学生通过独立思考，处理所获得的信息，使新旧知识融会贯通，建构新的知识体系，只有这样才能使学生养成良好的学习习惯，从中获得成功的喜悦，满足心理上的需求，体现自我价值，从而进一步激发他们内在的学习动机，增加创新意识。

（二）营造教学氛围，提供创新舞台

课堂教学氛围是师生即时心理活动的外在表现，是在师生的情绪、情感、教与学的态度、教师的威信、学生的注意力等因素共同作用下产生的一种心理状态。良好的教学氛围是由师生共同调节控制形成的，实质就是处理好师生关系、教与学的关系，真正使学生感受到他们是学习的主人，是教学成败的关键，是教学效果的最终体现者。因此，教师要善于调控课堂教学活动，为学生营造民主、平等、和谐、融合、合作、相互尊重的学习氛围，让学生在轻松、愉快的心情下学习，鼓励他们大胆质疑，探讨解决问题的不同方法。亲其师，信其道，师生关系融洽，课堂气氛才能活跃，只有营造良好的教学气氛，才能为学生提供一个锻炼创新能力的舞台。

（三）训练创新思维，培养创新能力

创新思维源于常规的思维过程，又高于常规的思维，它是指对某种事物、问题、观点产生新的发现、新的解决方法、新的见解。它的特征是超越或突破人们固有的认识，使人们的认识"更上一层楼"。因此，创造思维是创造能力的催化剂。提问是启迪创造思维的有效手段。因此，教师在课堂教学中要善于提出问题，引导学生独立思考，使学生在课堂上始终

保持活跃的思维状态。特定的问题使学生掌握重点，突破难点。爱因斯坦曾说："想象比知识更重要，因为知识是有限的，而想象力概括着世界的一切，推动进步并且是知识进化的源泉。"想象是指在知觉材料的基础上，经过新的配合而创造出新形象的心理过程。通过想象看问题可以能由表及里，由现象到本质，由已知推及未知，使思维活动起质的飞跃，丰富的想象力能"撞击"出新的"火花"。因此，在教学过程中要诱发学生的想象思维。

（四）掌握研究方法，提高实践能力

科学的研究方法是实现创新能力的最有效手段，任何新的发现、新的科学成果都必须用科学的方法去研究，并在实践中检验和论证。因此，教师要使学生掌握科学的探究方法，其基本程序是：提出问题 —— 做出假设 —— 制订计划 —— 实施计划 —— 得出结论。课堂教学中主要通过实验来训练学生的实践能力，尽量改变传统的演示性实验、验证性实验为探索性实验。另外还可以向学生提供一定的背景材料、实验用品，让学生根据特定的背景材料提出问题，自己设计实验方案，通过实验进行观察、分析、思考、讨论，最后得出结论，这样才有利于培养学生的协作精神和创作能力。有时实验不一定能获得预期的效果，此时教师要引导学生分析失败的原因，找出影响实验效果的因素，从中吸取教训，重新进行实验，直到取得满意的效果为止。这样不仅能提高学生的实践能力，而且还能培养学生的耐挫能力。

（五）教师应具备的能力和知识结构

现代社会，知识数量的增长及其更新换代的加速、新学科的涌现，促进了教学内容的更新和课程改革，呼唤着教育终身化。不断学习成为现代人的必然要求。教师成为知识的传授者，更要适应现代教育的发展需求，不断学习新知识，不断更新自己的知识结构。继承是学习，创新也是学习。教师要提高自学能力必须要做到：①能有目的地学习；②能有选择地学习；③能够独立地学习；④能在学习上进行自我调控。最终走上自主创新性学习之路，以学导学，以学导教。同时，教师知识结构必须合理，现代社会的教师不能仅用昨天的知识教今天的学生去适应明天的社会，作为教师除了掌握广博的科学文化知识，更要有心理学、教育学知识，要掌握现代信息技术，才能适应现代发展的需要，才能更好地去当好先生、去教好学生。

（六）利用新的信息，触发创新灵感

现代社会，教师要培养学生收集和处理最新信息的能力。科学技术的迅猛发展，新技术、新成果的不断涌现，瞬息万变的信息纷至沓来，令人目不暇接。只有不断地获取并储备新信息，掌握科学发展的最新动态，才能对事物具有敏锐的洞察力，产生创新的灵感。否则，创新将成为无水之源、无本之木。因此，要引导学生通过各种渠道获取新信息，如：通过图书馆、电视、报纸、互联网、社会调查等获取信息，为创新奠定坚实的知识基础，这样才能把握科学发展的潮流，才能使创新能力结出丰硕的成果。

四、在微课教学中培养中学生创新能力和精神的途径

（一）巧设"微情境"，激发学生学习兴趣

教师在进行微课教学时，要借助"微情境"来活跃教学气氛。"微情境"教学可以体现在新课程内容、当堂检测、课后反思上，还可以体现在学生预习的规划情境设计中。教师在教学过程中可以通过开展娱乐性较强的活动和录制精短的微视频来设计"微情境"，要引导学生参与课堂教学的互动，同时为学生接下来开展的课堂探究、学习反思等准备条件，增加教师微课教学的感染力，从而进一步激发学生主动参与课堂教学的积极性，增强对学习的兴趣。另外，教师可以通过多种形式的问题化、生活化、形象化教学内容来设置"微情境"，引导学生积极参与到课堂学习中来，激发学生求知欲望，提升学生学习的积极性和创造性。

1. 微情境素材来源

创设微情境，首先要有相关的素材。根据素材搜集来源可将素材分为三种。

（1）历史文献素材

中华传统文化内容丰富，种类多样，思想深邃，是我们的精神宝藏。传统文化中许多的文字、诗句、典故都蕴含着做人的道理、处事的方法等。教师要善于积累这些历史文献素材，包括古代的寓言故事、古典诗词、名人典故、经典书籍等，创设微情境。教师只有多读书，才能做好历史文献资料的搜集积累工作。

（2）现代网络素材

随着信息技术的发展，网络信息查找更加方便快捷，信息的传递更加高效、及时。网络新闻、网络视频、网络电影、网络音乐等已然成为德育素材的材料文库。在花样纷繁的网络资料中，教师要根据德育的实际需求，选取适合教学、有价值的情境素材，并根据教学的需要，对素材进行筛选和编排，创设微情境。

（3）师生自制素材

历史经典与现代网络并不能完全满足我们的需要，很多的素材学生已经了解，并进行了相关学习。运用这样的素材进行情境创设，很难激发学生的兴趣，引发学生的思考。因此，在班级生活中，教师要注重班级资料的积累，包括班级活动、运动会、学校的各种比赛等相关视频、图片搜集整理，以及学生生活中文字资料的搜集整理，如信件、贺卡、日志等。同时，可以根据主题班会内容的需要进行案例展示或作为表演素材、制作视频素材等。

2. 微情境创设

创设情境是为教学服务的，运用情境是为学生的学习而服务的。学生需要怎样的情境？怎样的情境才能激发学生的情感，触动学生的心灵，拨动学生的心弦？教师要遵循教育规律，站在学生的立场进行微情境的创设。

（1）情境呈现，短小精悍

微情境是微小的情境，在创设微情境时教师要注意体现情境的"微"。教师要根据主题班会的教学需要搜集素材，并对所搜集的素材等进行整理和编排，创设微情境。如果是文字展示情境,文字量最好为150～200个字符;视频、音频等情境,时间最好控制在3分钟之内,时间不宜过长。文字量过大或者情境时间过长,将影响到学生的阅读,致使情境的即时效应延迟,无法达到相应的教学效果。其次,教师要对教学情境中的表现内容进行精简与锤炼,删除无用信息或者是不准确的表述,避免对微情境表达内容产生影响,做到短小精悍。

(2)情境选择,贴近生活

情境创设要能激发学生的兴趣,或引发学生的思考。所以微情境内容的选择要生活化,要符合学生的心理特点,遵循学生的认知规律,贴近学生的生活实际,避免出现过于专业、难以理解的文字等微情境。例如,在主题班会《我与责任同行》中,教师根据当时的热点事件"最美司机吴斌"创设了微情境,教师将要表达的内容用图片与视频相结合的方式,创设了1分50秒的微情境,并设置情境问题。引入"最美司机吴斌"的感人事迹,教师运用了新闻事件的及时性,使素材来自现实生活,来源于我们的身边,激发了学生的兴趣。同时,学生通过观看微情境,被吴斌的事迹所感动,在感动中引发了学生对责任的思考。

(3)情境设置,利于交流

微情境设置要有利于学生的对话与交流。教师创设微情境,是在教师对所搜集的材料进行品读和感悟的基础之上展开的。教师作为情境的编写者,第一时间与情境材料进行对话与交流,要对我要教什么、我采用该情境的目的是什么、学生会怎样学等情境进行界定。然后跳出编写者的思想意识,联系现实社会生活情境进行再次的对话与交流，精选教学素材，编写微情境。学生对情境是陌生的、新鲜的。学生会根据自身的生活经验、已经具备的情感、态度和价值观，对情境进行分析和判断。由于学生的生活环境不同，对待事物的情感价值观也不同。

在此过程中，教师要充分考虑到学生的实际情况，创设的情境让学生有话可说，利于学生的交流。例如游戏活动型的微情境：一个装满水的杯子，将回形针放进去水会溢出来吗？如果水没有溢出来，杯子最多能放多少个回形针呢？此情境就让学生有话可说，因为每个人在实验游戏的过程中得到的结果是不一样的，通过交流彼此的成功经验，体验游戏中蕴含的睿智方法和人生哲理。

（二）开展"微探讨"，激活学生的发散思维

教师在进行微课教学时，要把学习的主动权交还给学生，使学生"主动寻找问题""主动汲取知识""主动深入探析问题的答案和解题过程"，只有这样，大学生的创新思维才会得到充分发挥。首先，课堂探讨是激活学生发散思维的重要环节。课堂探讨可以提升学生主动参与学习的积极性，活跃学生的思路，增强学生学习的兴趣，从而提高学生分析解决问题的能力及口头表达的能力。只有学生对学习的兴趣提高了，思路开阔了，创新思维和创新意识才能真正得到提升。

比如在《多媒体制作》微课教学中，课堂上分析微视频中的多媒体策划方案，学生传统的思维会想到花大价钱去做活动，教师则引导学生关注一下微信中的那些微商们是怎么

做的,让他们互相分享网络多媒体案例。不同的案例给学生带来灵感,促使学生发散思维。其次,通过演示实验同样能激活思维,培养学生创新能力和创新思维。如在《多媒体制作》课程中,微视频的教学内容以情境演示的形式展示给学生看,随着演示实验的开展,为学生创新观点提供了新的生成载体,使学生创新思维和创新精神进一步延伸。

(三)利用过往"微案例",增强思维动力

教师可以"微课"视频形式对课前预习进行划分知识重点,引导学生开展探究。教师提前将预习的课题、"微课"视频通过移动终端传给学生,让学生进行自主学习,可以将不懂的问题或不能解答的问题拿到课堂与师生探讨。上课之前,教师首先查看学生的预习情况,分析出现问题的原因,在课堂教学中,教师要与学生一起探讨难题并且找到解决办法。在课堂教学结束后,要对学生知识和能力的掌握情况进行检测,巩固已知和所学。在这一系列的过程中,学生主动观看"微课"视频中的相关案例,对新知识产生初步的印象并加以理解,学生从以往的简单的"信息接受者"变为主动的"信息发现者""思维历练者""问题思考者"。在进行"微课"教学过程中,有目的性地解析学生在思维中所出现的问题,不但可以丰富教学手段,有针对性地解决在教学中出现的难点问题,还会促使学生形成良好的学习习惯和思维方式,最主要的还是能大大增强学生的创新精神和创新意识,提高学生主动学习、主动思考的积极性。通过多种思维方式的灵活运用,不但可以帮助学生将不规整的知识点和资源组

成一个系统融合在一起，极大地提高学生的学习效率，"微课"教学还可以将问题汇集在一起，使学生聚集在课堂上共同分析问题的解决方法和途径，化解教学内容中出现的难点和疑点，从而形成合理的评价意识和养成研究探讨问题的习惯，生成学生"思维"活跃的动力。如在《多媒体》课程中，微视频的教学内容可以截取历届中小学生电脑大赛中往届学生的实战情况，为学生提供一个实训平台，当要求学生真刀真枪去做的时候，学生跃跃欲试的创新动力也就水到渠成。

（四）巧引"微反思"，在自我反省中提高学习效率

"微反思"是微课教学中不可或缺的重要步骤。教师在进行课堂教学的最后，必须重视课堂总结，要求学生在课下做好学习反思。教师要引导学生对学习中遇到的疑难问题进行反省和思考，在对取得成绩表示肯定的同时也要对自己的不足进行检视，并且尝试找到新的解决方案，提升自己的创新精神和创新能力。只有准确及时地开展学后反思，学生才可以更好地进行自主学习，更快地提高自主学习能力，从而在自省中拓宽学习的新思路、把握新方向。

五、创新教育的误区

误区之一

创新教育就是"小发明，小创造"。

谈到创新教育，一些中小学领导和教师自然地与学生的

"小发明，小创造"相联系，认为学生的"小发明，小创造"多的学校，创新教育就有成就。否则， 没有成绩。因此，就有学校 提出"小发明，小创造"的指标，教师、学生想方设法为此努力。我们的一些媒体和行政官员也将"小发明、小创造"多的学校作为创新教育的典范广为宣传。所有这些促使了一些中小学校教育工作者对创新教育产生了误解： 创新教育就是"小发明、小创造" 。

误区之二

创新教育就是培养学生的创新思维（也有称创造性思维），而创新思维就是发散思维。

前面已述创新教育的任务就是培养学生的创新素质。而创新是一种综合素质，有关专家认为它主要由三方面要素构成：一是创新人格，二是创新思维， 三是创新技能。 以上三要素最关键、最主要的是创新人格，其次是创新思维，最后才是创新技能。由此可见，创新教育的任务就是培养学生的创新人格、创新思维和创新技能，而不仅仅是创新思维。

六、创新教育的定位

创新教育是各级各类教育的共同要求。对于基础教育来说，应着眼于人的创新精神和创新能力培育，为人的创新素质的持续发展打下初步的基础。

（一）创新教育的认识定位

创新教育的定位可以是多维度的，其中认识定位就是一个十分重要的方面。在创新教育的认识上，教育实践界存在许多误区，澄清这些模糊认识对学校创新教育实践有极为重要的意义。

——创新只是少数天才学生的事。许多教师以为创新是人的高级智慧，非一般学生所能拥有的。其实，创新是人的本性，人人都具有创新的潜能与倾向；创新是人生存的需要，只要人存活一天就片刻也离不开创新。问题的关键是我们后天的教育是否尊重、保护并培育了这种潜能，激发、促进并满足了这种需要。《学会生存教育世界的今天和明天》曾指出："教育既有培养创造精神的力量，也有压抑创造精神的力量。"人的创新精神与能力不完全是由先天因素决定的，后天的教育因素也是重要的决定力量。所以，创新教育应具有全体性，应面向每一个学生。

——创新只是自然科学的事。许多人以为创新就是科学发现、技术发明，只有科学教育才能培养人的创新精神与能力。实际上，不仅自然科学需要创新，社会科学与人文科学同样需要创新，特别是在科学技术的负效应日益显现的今天，科技创新与人文创新更应平衡发展，使未来社会既是高智力的，又是高情感的。不仅如此，自然科学创新也离不开社会和人文思维方式的支持。譬如，长沙九中谭迪敖老师的"哲理诗训练"，既是一种人文创新训练，同时又支撑了科学创新精神。所以，创新教育应具有全域性，面向每一门学科。

——创新只是课外活动的事。也有许多教师以为，课堂教学的任务就是传授知识，发展能力是课外活动的事。实际上，这种区分是人为地割裂了传承与创新之间的内在联系。创新是整个教育模式、教育制度和教育观念的全局性改变，并不是局部的修改和增减，它应贯穿于课堂教学、课外活动和日常教育生活等方方面面，成为全部现代教育的精神特质，局部性的教育创新不可能是真正意义上的创新教育。其中，课堂教学是创新教育的主渠道，也是学校教育改革的着重点。所以，创新教育还具有全面性，是教育系统的整体性改造。

——创新只是智力活动的事。还有一些人认为，创新是一个人的智力表现，高智力必然会有高创新。这也是一种错误认识。创新不仅是一种智力特征，更重要的还是一种人格特征或个性特征，是一个人综合素质的凝结性表现，是一个人能力的自我超越和自我发展，是一个人潜能和价值的充分体现。在人的智力水平相当或恒定的情况下，非智力因素往往起着决定性的作用，许多有创新精神的人并非智力超群，而是非智力的人格特征出众。单纯的智力活动只能培养匠人，而不可能培养大师。所以，创新教育还具有综合性，是个体生命质量的全面提升。

——创新只有正面的效果。几乎所有的人都认为，创新是"正面的""好的"事情，人们可以尽情地去追求。殊不知，创新是一把双刃剑，它既可以成为天使，也可以成为魔鬼；既可以为人类造福，也可以使人类致祸。现代社会的高级犯罪有哪一宗不是创新的结果呢？创新只是工具，并不是方向本身，创新还不能单独成为目的，创新教育也不能代替现代教育的全部，它必须与道德教育整合，培养人的同情心和责任感，把人的创新精神与创新能力引向为人类造福的方向上来。所以，创新教育具有双重性，现代教育必须致力于相互整合，兴利去弊。

（二）创新教育的目标定位

基础教育是为个体升入上一级学校、自身素质持续发展以及今后走向社会做准备的教育，基础教育阶段的创新教育也要为学生未来的持续性创新打基础。那么，具有深厚基础性和广泛迁移性的创新品质究竟包括哪些？这也是创新教育定位应予以优先回答的问题。概括地说，为持续的创新打基础主要包括两大方面：一是打创新精神的基础，二是打创新能力的基础。

创新精神是创新的人格特征，是主体创新的内部态度与心向，它包括创新意识、创新情感和创新意志三大方面。

——创新意识。创新意识是个体追求新知的内部心理倾向，这种倾向一旦稳定化，就成为个体的精神与文化。经验性的研究表明，具有创新意识的人常常是不满足于现实，有强烈的批判态度的；不满足于自己，有持续的超越精神的；不满足于以往，有积极的反思能力的；不满足于成绩，有旺盛的开拓进取精神的；不怕困难，有冒险献身的精神的；不怕变化，有探索求真的精神的；不怕挑战，有竞争合作的精神的；有强烈的好奇心，旺盛的求知欲，丰富的想象力和广泛的兴趣等。这些品质都是基础教育应重点予以关注的。

——创新情感。创新情感是个体追求新知的内部心理体验，这种体验的不断强化，就会转化为个体的动机与理想。

经验性研究也表明，有创新情感的人常常是情感细腻丰富的，外界微小的变化都能引起强烈的内心体验；人生态度乐观、豁达、宽容，能比较长时间地保持平和、松弛的心态；学习和工作态度认真、严肃，一丝不苟，有强烈的成就感，工作的条理性强，对世间的所有生命都有同情心和责任感，愿意为改善他们的生存状态而尽心尽力等，这些也是基础教育应予以优先关注的。

——创新意志。创新意志是个体追求新知的自觉能动状态，这种状态的持久保持，就会成为个体的习惯与性格。经验性的研究表明，有创新意志的人常常能排除外界的各种干扰，长时间地专注于自己的活动；工作勤奋，行为果断，对自我要求较高，对工作要求较严；善于沟通与协调，组织能力强，有较强的灵活性，为达到目的愿意变换工作的途径和方法；有较强的独立性和自制力，在没有充分证据和理由之前，不轻易放弃自己的主张，能容忍别人的观点甚至错误等，这些品质在基础教育阶段也应形成。

创新能力是创新的智慧特征，是主体创新的活动水平与技巧，它包括创新思维和创新活动两大方面。

——创新思维。创新思维是个体在观念层面新颖、独特、灵活的问题解决方式，创新思维是创新实践的前提与基础，如果想不到是不可能做得到的。经验性的研究表明，具有创新思维的人常常感受敏锐，思维灵活，能发现常人视而不见的问题并能多角度地考虑解决办法；理解深刻，认识新颖，能洞察事物本质并能进行开创性思考；思维辩证，实事求是，能合理运用发散与辐合、逻辑与直觉、正向与逆向等思维方式，不走极端，能把握事物的中间状态等。这些品质是基础教育阶段思维训练的重点。

——创新活动。创新活动是个体在实践层面新颖、独特、灵活的问题解决方式，创新活动是创新思维的发展与归宿，经不起实践检验的思维是无价值的。经验性的研究也表明，具有创新活动能力的人常常实践活动经历丰富或人生经历坎坷，经受过大量实践问题的考验；乐于动手设计与制作，有把想法或理论变成现实的强烈愿望；不受现成的框框束缚，不断尝试错误、不断反思、不断纠正；愿意参加形式多样的活动，乐于求新、求奇，乐于创造新鲜事物等。这些也是基础教育应予以考虑的创新素质目标。

七、创新教育的三个层次

（一）作为一种思想和观念的创新教育

要准确把握创新思想的内涵，首先应了解创新概念的含义。

美国社会学家阿力克斯·英克尔斯认为，了解概念的本质可以有三条主要途径：历史的途径、经验主义的途径和分析的途径。

1. 历史的途径，即创始人说了些什么。美国经济学家熊彼得在 1912 年的《经济发展理论》中首次从经济学角度提出了"创新理论"，其核心概念是"创新""新组合""发展""企业家"。他从"静态"和"动态"两个视角对上述概念进行了考察，他认为静态的经济生产过程不存在变动，没有发展，创新指事物内部结构的革新，创新过程是指通过外部的作用促使内部要素发生新的组合。作为创新人才的"企业家"应该具有创新精神、创新意志，能够体验到创新的欢乐。

2. 经验主义的途径，即当代人在做些什么。当代人讨论创新大致有四个方面：（1）着眼于思想的启示。中共中央、国务院《关于深化教育改革全面推进素质教育的决定》中明确指出，素质教育"以培养学生的创新精神和实践能力为重点""激发学生独立思考和创新的意识""培养学生的科学精神和创新思维习惯"。江泽民主席在不同的场合数次发表了对创新作用的论述，他说"创新是一个民族进步的灵魂，是国家兴旺发达的不竭的动力……一个没有创新能力的民族，难以屹立于世界民族之林"，"科技的发展、知识的创新，越来越决定一个国家、一个民族的发展过程。创新根本的一条就是要靠教育、靠人才"。（2）着眼于知识经济的视角。戴布拉·艾米顿将创新的概念定义为"为了企业的卓越，国家经济的繁荣昌盛，以及整个社会的进步，创造、发展、交流和应用新的想法，使之转化为市场适销的商品与服务的活动"。其出发点是，创新是一个价值系统，其核心是把思想推向市场，其过程即把理论推向实践。"我们生活在这样一个世界，在这个世界里，新思想的应用可能是最主要的竞争优势""成功的关键因素不仅仅是新想法的数量，而更重要的是这些想法的实现。（3）着眼于环境的视角。罗马俱乐部着眼于应付环境的危机和人类自身的发展于 1979 年发表了一项研究报告：《回答未来的挑战》，报告中提出消除这种差距的方案在于：推进新的学习观 —— 创新性学习，既立足于已有的知识、经验，以提高解决当前已经发生问题能力的维持性学习转向通过学习提高一个人发现、吸收新信息和提出新问题的能力，以迎接处理好社会日新月异发生的变化和创新性学习。（4）着眼于创新方法与创新体系的研究。联合国教科文组织于 1998 年 10 月 5 日至 9 日在巴黎总部举行主题为"21 世纪的高等教育：展望与行动"的大会。这次大会的主题之一提出了新的创新教育方法：批判性思维和创造力。它从四个方面提出了建议：第一，高等教育要以与社区和社会各部门之间的新型伙伴关系重新审视和安排高等教育的内容、方法和授课方式；第二，要以学生为中心的新视角和新模式，使学生能够以批判精神思考和分析社会问题，寻求解决的办法；第三，重新设置课程，立足学生获得技能、才干和交往的能力；第四，采用新教材，不仅应能增强记忆力，还能增强理解力、实际工作技能和创造力。

以上论述可以看出，现今人们并未形成关于创新或创新教育的统一认识，有关创新观点的讨论还处在描述性阶段。

3. 分析的途径，即理性的指示是什么。从理性上来分析，首先必须区别创新与创造概念之间的关系。目前已有的研究大致可以分为两类：（1）等同关系，将创新等同于创造，认为他们都是通过革新、发明、产生出新的思想、技术和产品，在本质上他们没有什么区别；（2）包含关系，认为创造教育内含于创新教育。林崇德先生就明确指出："创造性最重要的表征是创新，因创新是知识价值的核心，越是高创新的知识，其价值也就越高。"笔者认为，把握一词的准确含义应该包括两个方面，即从词源学的角度和实践的角度。从词源学角度分析可以让我们准确把握词的本原意义，但是随着时代的变迁和社会的发展，词义也会发生变化，因此只有结合时代的特征与实践才能最终掌握词的准确内涵。根据《辞海》的解释，"创"意为"首创"，而"创造"指则"首创前所未有的事物"。

"创新"它既有革新、创新之意，也指新观念、新方法、新发明。从词源学的角度比较分析，创新既含有在现实的条件下或物质基础上通过内部的革新创造出新的事物，也可以指精神上的创意，如新方法、新手段等。从时代特征和实践意义上分析，创造较多的指实践中的发明创造，它的产品既可能满足现实的需求，也可能不合时宜。但创新的立足点在于"新"，它是一种通过改造现实满足时代需求的创造，具有时代的特征。因此，"创新并不等同于创造，创新的概念包含着创造而不是相反。人们通常所说的创造，属于最高层次的创新"。

以上对创造与创新概念的辨析与分析，可以使我们很好地理解创造教育与创新教育。创造教育的核心是培养学生的创造力，而创新教育不仅在于培养学生的创造力，还要有意识地培养学生的创新精神、创新观念、创新意识和创新态度。因此，我们认为创新教育是以培养人的创造能力为核心，以培养人的创新精神和创新能力为基本价值取向，着重培养学生创新意识、创新观念和创新态度的一种教育。

（二）作为一个教育原则的创新教育

教育原则是教育教学过程中必须遵循的基本要求和准

则，它贯穿于教育教学工作的各个方面。"教有法，但无定法"，这里前一个法就是指教育中的规律和原则，教育教学活动必须坚持和遵循教育规律和原则。教育原则是教育思想的浓缩和凝结，是对教育思想的归纳和概括。如从夸美纽斯的教育应适应自然的教育思想中人们概括出直观性原则、循序渐进原则；德国教育家第斯多惠从其师范教育的思想中提炼出教学的教育性原则；活动性原则与杜威"教育即生长""教育即生活""教育即经验的不断改造"思想密不可分；孔子因人施教的思想凝结成因材施教原则等。在全球化过程中，为迎接知识经济的挑战，教育必须做出新的选择。江泽民同志在第三次全国教育大会上说，教育"是知识创新、传播和应用的主要基地，也是培养创新精神和创新人才的摇篮"，因此，教育必须遵循创新原则。

作为一种教育原则的创新教育在不同的教育层次上有不同的要求。高等教育机构既是人才培养的基地，也是知识的产生与技术创新的场所，创新教育更多地表现为培养学生的知识转化能力和创造新知的能力。但在基础教育阶段，创新教育的目的不在于使学生发明创造出多少新的事物，而在于通过有效的教育教学途径培养学生的创新意识、创新观念和创新态度，塑造他们的创造才能。因此，作为一种原则，创新教育是指学校的教育教学工作必须以培养学生的创造能力为核心，通过积极的管理和有效的教学，更新学生的创新观念和态度，培养学生的创新精神和创新能力，归结为一点就是"为创新而教"。

每一种新思想的提出都是对过去思想的扬弃。知识经济时代的创新教育就是对传统教育的扬弃。法国教育家斯普郎格说"教育绝非单纯的文化传递，教育之为教育，正在它是一个人格心灵的'唤醒'，这是教育的核心所在。" 培养学生的创新精神，更新学生的创新观念，塑造他们的创造才能正在于通过教育的作用唤醒学生沉睡的心灵。贯彻创新教育的原则就是要实施教育创新。具体应包括如下几个方面：

（1）更新教育思想和教育观念，赋予学生真正的平等地位，只有在平等的地位上，学生才敢质疑教师的权威，提出富有创新意义的观点，锻炼自己的创新能力。

（2）改革学校的管理系统，传统管理方法的特色在于"管"，目的在于培养学生服从的个性，创新教育则要求解放学生的个性，实行开放式的管理，形成宽松和谐的氛围以利于创新人才的脱颖而出。陶行知在《创造的儿童教育》中提出了实行儿童创造力"六大解放"的主张。一是解放儿童的头脑，即应该更新学生的观念；二是解放儿童的双手，即应该培养学生的动手能力和提供学生实际锻炼的机会；三是解放儿童的嘴，即应该允许学生提问和质疑，提问是学生创意思维的源泉；四是解放儿童的空间，即不要将儿童局限在课堂中，而要充分利用学校、社会和其他教育机构的教育设施提供给学生丰富多彩的生活，让儿童在自由的空间里掌握知识；五是解放儿童的时间，儿童大多数时间用在应付教师的作业和学校的考试，缺乏思考的时间，减轻学生的负担就是将学生从无效的时间中解脱出来，有充裕的时间思考问题，发挥他的创造力；六是解放儿童的眼睛，即培养学生的观察力，教师要充分运用现代化教育技术，结合直观教学原则，一步步培养学生良好的观察能力。陶先生的创造教育的观点是对传统教学的呐喊，也是对今天创新教育的要求。

（3）改革传统的课程设计，为迎接世界知识综合化的趋势，培养本国创新型人才，国外中小学课程的设计注重培养学生独立活动能力和创造能力，实行了必修课与选修课结合、知识性课程与综合课程结合，注重课程的生活化气息，课程的开设尤其注重学生的个别差异并向微型化方向发展。我国中小学基础课程的开设是以知识为定向的，注重学科知识的逻辑性，但综合化程度不高。改革这种课程设计不仅要在内容上强调课程的综合性，而且在结构上要增加与生活相关的课程和一些创造学方面的课程。

（4）改进教师的教育观念、教学方法和手段。首先，要改变教师知识定位的思想，从教学生学会知识转变到教学生学会判断、学会选择和学会生存；其次，运用现代教育技术，创造适宜的教学环境，调动学生积极参与，自主学习，自主体验，帮助学生形成主体精神和意识，形成创新能力。

（5）改革现有的评价系统，形成评价标准和评价手段的多元化，以利于具有各种素质的人才的成长与发展。

（三）作为一种活动的创新教育

作为一种活动的创新教育指学校和其他社会机构为培养学生的创新能力在管理和教学方面的具体安排和策略。创新教育活动不仅渗透在课堂教学活动中，还包括培养学生创新能力的专门活动及社会教育机构为培养学生的创新意识和创新素养而开展的一系列活动。人们往往把学校作为培养学生创新能力的最重要的机构，但学校绝不是也不可能成为唯一的机构。培养学生的创新能力是一项系统工程，他需要社会各系统密切配合。培养学生的创新能力既可以通过学校内的课堂教学、科技活动及专门的校本课程来进行，还可以聘请有专门才能的学生家长、科研专家做专题讲座来开阔学生的知识面，培养创新意识；此外，学校还可以和当地的科研机构合作，创设第二课堂，培养学生的科技素养和创新精神。由此可见，开展创新教育活动应该以学校为中心，在全社会建立系统协调的运作机制，这是实施创新教育的保证。

从创新教育的思想和原则出发，我们认为目前基础教育中校长承担了过多的与角色、身份不一致的工作，教师的创造灵感没有得到充分的发挥，学生的创新潜能受到过多的束缚，因此，创新教育的前提就是解放。从这个角度来理解创新教育，则创新教育的活动有以下几个方面：

1. 主体性活动。要保持学生的主体地位、唤醒学生的主体意识，发展学生的主体性以帮助学生认识自己、发挥能动作用，尊重学生独立的人格以达到创新意识的培养。

2. 民主性活动。师生之间首先要有民主，才能有真正的师生平等，有了师生的平等，才有师生之间的沟通和交流。有了这种和谐的氛围，学生才敢于质疑权威，展现自己的创意思维，培养学生的创新精神。

3. 互动性活动。首先，学生的创新意识、情感、态度和创新能力通过阅读教材里陈述性知识不会得到很大的改变。认知心理学认为学习是"以已有的经验为基础通过与外界的相互作用来建构新的理解"。当学习者以自己的经验为背景建构对事物的理解时，不同的人看到的是事物的不同方面，不存在对事物的唯一的标准理解，因此，"教学要使学生超越自己的认识，看到那些与自己不同的理解，看到事物的另外的侧面"。基于这样的认识，教师与学生、学生与学生之间的社会性互动就成为必要。互动性活动就是在具体教学实践中通过学生之间的相互交流，丰富他们的认知，以利于学习的广泛迁移。让学生在具体的活动中，在同社会、周围环境的互动中学会选择、判断，学会获取知识的方法，培养自己的创造能力。其次，学生的每一种创意都应该在实践活动中得到检验，获得反馈信息，这样学生才能得到创造的体验。通过一定的活动形式鼓励学生自己探索，让学生在冲突中寻求解决问题的方法，在应付困难和危机中增强面对困难的信心和勇气，这正是创新活动的实质所在。

4. 独立自学的活动。知识经济社会的一个特征是知识老化周期变短、产品换代加速，满足人们工作需求的 90% 的知识要在以后的工作中不断学习才能取得。早在 1972 年 5 月，联合国教科文组织国际教育委员会就出版了《学会生存——教育世界的今天和明天》，提出了终身学习的思想，因此，今后一个人如何通过有效的途径获得他所需要知识的能力成为衡量他创新能力高低的一个标准。培养学生自学的能力是开展创新教育活动的一个主要内容。

在目前的中小学教育实践中，人们往往重视的是小发明、小创造及如课外活动形式一类的活动，对中小学学生而言，最重要的是培养学生的创新思想。小发明、小创造等活动本身不应构成目的，而是要在这些活动中体现创新教育思想，并依据创新教育原则来开展，以期达到培养学生的创新意识、创新观念和创新态度的目的。

八、创新教育的核心内容

构建国家创新体系，面向知识经济实施创新战略包括一系列重要环节，除了知识创新和技术创新外，还必须重视它们与观念创新、组织创新、管理创新、制度创新之间的联系，教育创新也不例外。江泽民同志指出："必须转变那种妨碍学生创新精神和创新能力发展的教育观念、教育模式，特别是由教师单向灌输知识，以考试分数作为衡量教育成果的唯一标准，以及过于划一呆板的教育教学制度。"这就是说，教育创新应该包括教育观念创新、教育模式创新、教学内容创新、教学方法创新、教育评价创新和教育教学制度创新，它是一项宏大的社会系统工程，需要教育领域和全社会的共同努力。

应该说，实施"创新教育"是"教育创新"的重要环节，但前者必须更明确指向如何培养学生的创新精神和实践能力。如果把"创新教育"的研究内容扩大到"教育创新"的方方面面，反而会影响实验的效果。毫无疑问，"创新教育不仅仅是教育方法的改革或教育内容的增减，而是对教育功能的重新定位，是带有全面性、结构性的教育革新和教育发展的价值追求。"但它毕竟与"教育创新"和"教育现代化"等宏观研究的着力点有一定区别，因此，我们建议把创新教育的重心放在教学思想、模式、内容和方法层面上，作为中小学深化教育教学改革，全面推进素质教育的突破口，成为全体教师和学生都能参与的教改实验活动。实验的主体是学生和教师，改革的对象是课程学习、课堂教学等教育教学行为模式。

以培养学生创新精神为首要目标的创新教育，完全可以围绕"创新"三层次核心内容展开，通过学校各种教育形式，培养学生"再次发现"知识的探索精神，培养"重新组合"知识的综合能力和准备"首创前所未有"事物的创造意识和创造能力。

（一）探索精神培养

坚持对知识"再次发现"探索式学习观念，本身就是一种科学精神。它要求学生不盲目接受和被动记忆课本或教师传授的知识，而主动地进行自我探索，把学习过程变成一种"再次发现"人类以往积累的知识的参与式活动。科学（包括自然科学和社会科学）是知识系统，学习科学并不是为了记忆和背诵真理，而是为了认识和不断更新真理，教学中强调的应该是"发现"知识的过程，而不是简单地获取结果；要结合课程教学进行知识探源，把握其发展变化趋势；要让学生深刻感受到，任何科学知识都是人类艰苦努力不断探索的结晶，以此弘扬科学人文精神；要鼓励学习中的探究和怀疑，凡事多问几个"为什么"。正如著名科学方法论学者波普尔所说："正是怀疑和问题鼓励我们去学习，去观察，去实践，去发展知识。"更重要的学习探索是对知识整体及其联系的把握。知识经济理论学者艾米顿特别推崇印象派画家莫奈的作品。她指出："在他之前的艺术家所作的绘画，要求你走近画布才能够看清细节，而莫奈和其他印象派画家则不同，他们要求你退后从远处观赏才能看清细节。关键是要看到整体，以及色彩、结构和情绪之间的相互关系，这样才能欣赏一件艺术作品。"我们的传统教学很少教会学生从总体上观察学科知识系统，把握它们相互之间的关系和本质特征，这些正是创新教育鼓励学生以更宽广的视角，从分割的学科课程里"重新发现"的关键所在。

（二）综合能力培养

从某种意义上讲，综合能力就是将现有知识"重新组合"为新知识的能力，新组合的独特和新颖标志着创新。我们的教育对象将要面对的是一个从学科知识高度分化走向高度综合的社会，国家创新能力的获得是快速的知识共享与持续的新的组合应用的结果。对此，熊彼得甚至认为，绝大多数创新都是现存知识按照新的方式的组合，他把"创新"与"新组合"视为同义语。所谓知识的"重新组合"，就是把原来几种知识联系起来合成为一种综合知识，或者把一种知识拆分成几个部分，然后以新的形式将这些部分重新联系起来，成为具有新特征、新功能、新内容的知识。西蒙顿在《科学天才》一书中说："天才们进行新颖组合比仅仅称得上有才能的人要多得多。天才们就像面对一桶积木的顽童，会在意识和潜意识中不断把想法、形象和见解重新组合成不同的形式。"课程学习中的知识重组通常包括三种不同的层次：一是将某学科课程内部的知识进行重组，二是将不同学科课程的知识进行重组，三是将学科课程所包容的知识与课程未能包容的知识进行重组，三种层次的重组，后一个比前一个要求更高。课程教学可从第一层次入手，希望学生最终能够做到跨学科和跨出课程规定的内容去自学，把进入现代社会所必须了解和掌握的所有知识重新组合，融会贯通，运用这种"重组"的知识解决复杂的问题，从而内化为创新精神和创新能力。例如，1999年高考改革要求"在考查学科知识的同时，注意考查学生跨学科的综合能力和学科知识渗透的能力"，高考试卷特别是语文试题施行了力度较大的内容改革，被媒体称为"高考指挥棒指向素质教育"。为体现"能力型立意"，比历届考题更突出了"知识重组"能力要求，语文试题不仅有第一层次的知识重组（如最简单的"重组句子"），而且大量增加了第二、第三层次"知识重组"的考核内容（如提供学生想象空间、将知识领域扩展到未来学范畴的作文命题等），广泛涉及经济、外交、现代科学和高新技术等课外知识，要求考生把课程学到的知识与这些知识重组，不仅引导学生更加关心社会生活，努力扩大阅读面，而且必将启发教师进一步思考教学改革。

（三）创造意识和创造能力培养

创造意识是驱使个体进行创造行为的心理动机，没有创造意识的人不可能进行创造和发明。许多调查结论都指出，学生普遍具有创造潜能，它不是少数人特有的秉性，在适当的教育下，可能在每一学生个体身上发展和显现。当然，限于生理年龄特点，我们无法要求所有学生在中小学阶段都具有很强的创造能力，但创造意识的培养则必须从青少年时期开始。创造意识是创新素质培养的前提，因为创新素质不仅表现为新思想、新技术和新产品的发明创造，而且表现为善于发现问题、求新求变、积极探究的心理取向。创造能力也"绝不仅仅是一种智力特征，更是一种人格特征，是一种精神状态，是一种综合素质。"创造意识包括强烈的创造激情、探索欲、求知欲、好奇心、进取心、自信心等心理品质，也包括具有远大的理想、不畏艰险的勇气、锲而不舍的意志等非智力因素。 逐步培养学生创造"前所未有"事物的能力，则可以从创新层面的"重新发现"，尤其是"重新组合"着手。无论用"无中生有"说明"创造"，还是用"有中生新"描述"创新"，都没有阐明"有"是如何从"无"，"新"是如何从"有"里产生。事实上，世界上绝大多数的创造发明，都是原有事物的"再次发现"和"重新组合"，产生质变后才表现为"前所未有"，是"有中生有"，任何人都无法脱离自己的经历凭空设想，即使是科幻作品所"创造"的外星人，也不过是作家思想表象里原有"部件"的"再次发现"和"重新组合"而已。例如，硅元素通常以人们司空见惯的石英砂粒形态出现，经过科学家的"再次发现"就创造出半导体晶体管和集成电路，使"砂粒变成了黄金"。 再例如，中国四大发明之一黑色火药，无非是按"一硝二黄三木炭"的"重新组合"，才具有了新功能和新特征；马克思和恩格斯经过继承和扬弃，将英国古典政治经济学、德国古典哲学和法国空想社会主义的合理部分"重新组合"，从而创造了"前所未有"的马克思主义。因此，注重培养中小学生"再次发现"和"重新组合"的品质，就是为他们的创造能力营造基础。

九、创新教育的核心理念

1. 坚信每个学生都是可以造就的

我国近代著名教育家陶行知曾经指出，创造是儿童的天性，而我们的教育在某些情况下非但没有使这种自然本性得到发展，反而压制了儿童的创造冲动。创新教育的提出，要求我们以欣赏的眼光来看待学生，使每个儿童的潜能都能得到发挥。教育者应坚信每个学生都是可以造就的，尤其是不可低估"后进生"的创造潜能。可以肯定地讲，每一个学生都是一片有待开发或进一步开垦的土地。教育者应视之为教育的资源和财富，加以挖掘和利用，通过创新教育，把学生存在着的多种潜能变成现实。一谈到"创新"，人们很快就会与天才联系起来，似乎创新对一般学生来说是望尘莫及的事。事实上，人与人在智商差异上没有不可逾越的鸿沟，绝大多数人先天的条件是没有太大差异的。在实践中，教育者应坚信，所有学生的创造潜能同样深厚，在"创新"面前，没有后进生与尖子生的差别。关键在于你怎样去开采挖掘，教师在实践中应善待每一位学生，努力开发每一位学生的创造潜能。

2. 解放孩子是创新教育的希望

在现今时代，人的主体性被空前弘扬，任何对人的主体性和自由意志的扼杀几乎都被视为罪恶，因为人生而具有追求自由的天性。"人崇尚民主，向往自由，自由的本质或实质是自我选择、自我决定、自我追求、自我实现"。而现代教育却习惯于代替儿童选择，代替儿童思考，强迫学生接受，禁锢学生自由，压抑学生个性，违背了人的自然本性、社会本性和追求自由的本质，目的是为了按社会的预设标准把儿童塑造为某一种特定的人。因此学生的抗教育、反教育现象不断出现，出现新的教育无力，教育成了异化人的一种手段，它不是引导发挥人的潜能，而成了一种强制的、令人生畏的外在力量。

第九章 附录

附录一：中国微课大赛评价标准

全国中小学微课征集活动评审标准

一级指标	二级指标	指标说明
选题设计（10分）	选题简明（5）	主要针对知识点、例题／习题、实验活动等环节进行讲授、演算、分析、推理、答疑等教学选题。尽量"小（微）而精"，建议围绕某个具体的点，而不是抽象、宽泛的面。
	设计合理（5）	应围绕教学或学习中的常见、典型、有代表的问题或内容进行针对性设计，要能够有效解决教与学过程中的重点、难点、疑点、考点等问题。
教学内容（20分）	科学正确（10）	教学内容严谨，不出现任何科学性错误。
	逻辑清晰（10）	教学内容的组织与编排，要符合学生的认知逻辑规律，过程主线清晰、重点突出，逻辑性强，明了易懂。

作品规范 （15分）	结构完整 （5）	具有一定的独立性和完整性，作品必须包含微课视频，还应该包括在微课录制过程中使用到的辅助扩展资料（可选）微教案、微习题、微课件、微反思等，以便于其他用户借鉴与使用。
	技术规范 （5）	微课视频时长一般不超过10分钟，视频画质清晰、图像稳定、声音清楚（无杂音）、声音与画面同步；微教案要围绕所选主题进行设计，要突出重点，注重实效；微习题设计要有针对性与层次性，设计合理难度等级的主观、客观习题；微课件设计要形象直观、层次分明；简单明了，教学辅助效果好；微反思应在微课拍摄制作完毕后进行观摩和分析，力求客观真实、有理有据、富有启发性。
	语言规范 （5）	语言标准、声音洪亮、有节奏感、语言富有感染力。
教学效果 （40分）	形式新颖 （10）	构思新颖，教学方法富有创意，不拘泥于传统的课堂教学模式，类型包括但不限于教授类、解题类、答疑类、实验类、活动类、其他类录制方法与工具可以自由组合，如用手写板、电子白板、黑板、白纸、ppt、Pad、录屏软件、手机、DV摄像机、数码相机等制作。
	趣味性强 （10）	教学过程深入浅出，形象生动，精彩有趣，启发引导性强，有利于提升学生学习积极主动性。
	目标达成 （20）	完成设定的教学目标，有效解决实际教学问题，促进学生思维的提升、能力的提高。
网络评价 （15分）	网上评审 （15）	参赛作品发布后受到欢迎，点击率高、人气旺，用户评价好，作者能积极与用户互动。根据线上的点击量、投票数量、收藏数量、分享数量、讨论热度等综合评价。
总　评		

附录二：微课设计脚本

微课设计脚本模板

微课设计脚本			
微课基本信息			
微课设计者			
学科名称			
微课名称			
微课时长			
微课描述信息			
学习目标			
问题类型	□ 事实性知识的问题 □ 概念性知识的问题 □ 程序性知识的问题 □ 元认知知识的问题	目标类型	□ 记忆 □ 理解 □ 运用 □ 分析 □ 评价 □ 创造 ・ □ 事实性知识 □ 概念性知识 □ 程序性知识 □ 元认知知识
知识点描述			

呈现策略	呈现资源	
	呈现策略	
	呈现方式	
设计思路		
参考资料		

微课教学过程			
	时间段	内容	策略
开 场			
导 入			
正 片			
总 结			
结束语